Buch

Es ist die Ansammlung an angenommenen Meinungen, Haltungen und Verhaltensweisen, die uns davon abhält, jenes Glück zu erlangen, das wir uns wünschen. Solange wir uns in inneren Dialogen mit Selbstanklagen und Verteidigungen quälen, leben wir nicht unser Selbst, sondern eine Geschichte. Erst wenn wir den Teufelskreis aus Enttäuschung, Schmerz und Unzufriedenheit durchbrechen, können wir unser volles Potenzial entfalten. Debbie Ford weist uns den Weg, verdrängte Wesenszüge, unseren Schatten, zu entdecken und damit ganz zu werden. Sie ermutigt uns, mit all den Fehlschlägen, Misserfolgen und persönlichen Dramen, die unsere Vergangenheit belasten, Frieden zu schließen und die Weisheit, die neben allem Schmerz in ihnen steckt, anzunehmen. Durch die Wiedergewinnung unserer Ganzheit heben wir unseren Schatz ans Licht und zeigen uns wieder so wunderbar, wie wir geboren wurden.

Autorin

Debbie Ford studierte Psychologie an der John F. Kennedy University und arbeitete als Lehrerin, Beraterin und Persönlichkeitstrainerin. Als Mitglied des Chopra Center for Well Being in La Jolla, Kalifornien, half sie Tausenden von Menschen, ihr Selbstbewusstsein und emotionales Gleichgewicht wieder zu erlangen. Ihre Einsichten in die Strukturen menschlicher Persönlichkeit legte sie in dem Buch »Die dunkle Seite der Lichtjäger« dar.

Debbie Ford ist unter folgender Adresse zu erreichen:

Ford Institute for Integrative Coaching
P. O. Box 90848
La Jolla, CA 92038, USA
Tel./Fax: +1 858 7773500
www.debbieford.com
www.integrativecoaching.com
www.fordsisters.com

Von Debbie Ford ist im Goldmann Verlag bereits erschienen:

Die dunkle Seite der Lichtjäger (14167)

DEBBIE FORD
DAS GEHEIMNIS DES SCHATTENS

Verdrängtes erkennen, ganz werden,
Lebensfreude gewinnen

Aus dem Amerikanischen
von Wolfgang Höhn

Die amerikanische Originalausgabe erschien 2002
unter dem Titel »The Secret of the Shadow«
bei HarperSanFrancisco.

Umwelthinweis:
Alle bedruckten Materialien dieses Taschenbuches
sind chlorfrei und umweltschonend.

1. Auflage
Deutsche Erstausgabe September 2003
© 2003 der deutschsprachigen Ausgabe
Wilhelm Goldmann Verlag, München
in der Verlagsgruppe Random House GmbH
© 2002 Debbie Ford
Published by arrangement with HarperCollins Publishers, Inc.
Umschlaggestaltung: Design Team München
Umschlagfoto: Photonica
Satz: Uhl + Massopust, Aalen
Druck: Elsnerdruck, Berlin
Redaktion: Ralf Lay
Verlagsnummer: 21651
WL · Herstellung: WM
Made in Germany
ISBN 3-442-21651-6
www.goldmann-verlag.de

Für meinen geliebten zweiten Vater,
Dr. Howard J. Fuerst.
Welch großes Geschenk habe ich empfangen,
als du in mein Leben getreten bist.
Danke für all die Fürsorge,
die Liebe und die Schönheit,
die du meiner Familie, der Welt
und mir geschenkt hast.
Wir vermissen dich zutiefst.

Inhalt

1 Du und deine Story   9
2 Dein einzigartiges Rezept 34
3 Die großartige und geheimnisvolle
  eigene Story erkunden 49
4 Warum du an deiner Story festhältst . . . 70
5 Seine Kraft zurückgewinnen 89
6 Die Kraft des Prozesses 109
7 Mit seiner Story Frieden schließen 135
8 Seine einmalige Begabung finden 160
9 Außerhalb seiner Story leben 187
10 Das Geheimnis des Schattens 204

— 1 —
Du und deine Story

Stellen Sie sich vor, Sie wüssten bei Ihrer Geburt, dass Sie ein Meister wären, über grenzenlose Macht verfügten, gewaltige Gaben besäßen und dass Sie, um der Welt Ihre Gaben zu schenken, nichts weiter zu tun bräuchten, als sich dies zu wünschen. Stellen Sie sich vor, Sie wären in diese Welt gekommen, Ihr Herz von der heilenden Kraft der Liebe erfüllt, und es wäre Ihr einziger Wunsch, allen Menschen in Ihrer Umgebung jene Liebe zu erweisen. Stellen Sie sich vor, Sie hätten die angeborene Gabe, alles, was Sie sich wünschen und benötigen, zu erschaffen und in Besitz zu nehmen. War Ihnen vielleicht an irgendeinem Punkt Ihres Lebens bewusst, dass es in der Welt keinen anderen Menschen gab, der so war wie Sie? Und spürten Sie nicht in jeder Faser Ihres Wesens, dass Sie das Licht der Welt nicht nur besaßen, sondern es auch selbst waren? Ist es möglich, dass Sie zu einer bestimmten Zeit wussten, wer Sie im tiefsten Kern waren, und sich über Ihre Gaben freuten? Nehmen Sie sich jetzt einen Moment Zeit, um zu sehen, ob Sie sich an jenen Abschnitt Ihres Lebens erinnern können, da Sie wussten, wer Sie in Wahrheit sind.

Doch dann geschah etwas, und Ihre Welt veränderte sich. Es fiel ein Schatten auf Ihr Licht. Von jenem Augenblick an befürchteten Sie, dass Sie und Ihre kostbaren Gaben nicht mehr sicher wären. Sie hatten das Gefühl, Ihre heilige Gabe könnte missbraucht, beschädigt oder geraubt werden, wenn Sie sie nicht versteckten. Tief im Herzen war Ihnen bewusst, dass diese Gabe einem kostbaren, unschuldigen Kind glich, dessen Schutz Ihre Aufgabe war. Also verhielten Sie sich so wie alle guten Eltern: Sie versteckten Ihre ganze Herrlichkeit tief in Ihrem Inneren, damit niemand sie jemals entdecken, verletzen oder rauben könnte. Und so deckten Sie Ihre Gaben mit dem Erfindungsgeist eines Kindes zu. Sie erschufen eine Schau, eine Persona, ein Drama, eine Story, damit niemand je vermuten würde, dass Sie so viel Licht zu hüten hätten. Beim Verbergen Ihres Geheimnisses waren Sie überaus geschickt, ja sogar brillant. Sie überzeugten nicht nur andere Menschen davon, dass Sie nicht der Meister waren, sondern überzeugten auch sich selbst – und das allein deshalb, weil Sie Ihrer Gabe ein guter Vater oder eine gute Mutter sein wollten. Es war Ihre Gabe – Ihr tiefes, dunkles Geschenk, das allein Sie kannten. Dabei waren Sie sogar derartig erfinderisch, dass Sie das genaue Gegenteil dessen manifestierten, was Sie wirklich sind, um sich vor denen zu schützen, die sich über Ihre angeborenen Gaben ärgern könnten.

Nachdem Sie Ihren kostbaren Schatz über Tage, Monate und Jahre versteckt gehalten hatten, begannen Sie, Ihre Story selbst zu glauben. Sie wurden zu der Persona, die Sie geschaffen hatten, um Ihr Geheimnis zu beschützen. In jenem Moment vergaßen Sie, dass Sie Ihren Schatz ursprünglich selbst vergraben hatten. Ihnen war nicht nur entfallen, wo Sie ihn versteckt hatten, Sie erinnerten sich auch nicht mehr daran, dass Sie ihn überhaupt verbargen. Ihr Licht, Ihre Liebe, Ihre Größe und Ihre Schönheit waren im Innern Ihrer Story verloren gegangen. Sie vergaßen, dass Sie ein Geheimnis hüteten.

Von jenem Moment an fühlten Sie sich verloren, allein, getrennt und verängstigt. Plötzlich merkten Sie, dass Ihnen etwas fehlte – und es fehlte wirklich etwas! Der Schmerz der Trennung von Ihrem Schatz ließ sich mit dem Verlust Ihres besten Freundes vergleichen. Im Innern sehnten Sie sich nach der Rückkehr Ihres wahren Selbst. Deshalb fingen Sie an, in Ihrer Außenwelt nach etwas zu suchen, das Ihre innere Leere füllen und Ihren Zustand bessern würde. In dem Bemühen, das Fehlende zu finden, hielten Sie sich an Beziehungen, an andere Menschen, an Ihre Leistungen und Auszeichnungen. In dem Bemühen, jenes Gefühl zurückzugewinnen, verließen Sie sich auf Ihren Körper und auf Ihr Bankkonto. Vielleicht wurden Sie wie ich von so tief greifenden Gefühlen der Unwürdigkeit umgetrieben, dass Sie die meiste Zeit in Ihrem Leben verzweifelt nach etwas suchten, um sich wieder ganz zu machen. Aber überall, wo Sie auch suchten, blieben Ihre Hände leer.

Im Alter von fünf Jahren war ich schon allzu vertraut mit jener Stimme in meinem Kopf, die mir einredete, ich würde nicht genügen, sei nicht erwünscht und würde nicht dazugehören. In dem verzweifelten Verlangen, mich geliebt und angenommen zu fühlen, machte ich mich an die aufreibende Aufgabe, andere Leute dazu zu bringen, meinen Wert anzuerkennen. Weil ich tief in meinem Inneren davon überzeugt war, dass mit mir etwas nicht stimmte, gab ich mir größte Mühe, meine Mängel zu verbergen. Schnell lernte ich, die Menschen mit meinem Charme zu bezaubern, indem ich ihnen mein breitestes Lächeln schenkte, um sie dazu zu veranlassen, von mir Notiz zu nehmen. Ich dachte mir, wenn ich nur begabter als meine ältere Schwester oder klüger als mein älterer Bruder wäre, würde ich dazugehören und meine Familie würde mir all die Liebe und Wärme schenken, nach denen ich hungerte. Ich glaubte, wenn sie mich nur genug liebten, müsste ich nicht länger auf jene scheußlichen Gedanken hören, die meinen

Geist erfüllten, oder jene schmerzlichen Gefühle ertragen, die meinen kleinen Körper verzehrten.

Im Lauf der Jahre wurde ich immer geschickter darin, Mittel und Wege zu finden, um meinen Schmerz vor mir selbst und den anderen zu verbergen. Wenn ich niemanden finden konnte, der mich bestätigte oder mir sagte, ich sei in Ordnung, pflegte ich mich über die Straße zum nächsten 7-Eleven-Laden zu schleichen, um mir dort eine Packung Sara-Lee-Schokoladenkuchen und eine Flasche Coca-Cola zu holen. Jene Zuckerdosis schien ihren Zweck wirklich zu erfüllen. Aber im Alter von zwölf wurde mein Schmerz zu groß, um ihn noch länger verstecken zu können: Ich fühlte mich zu groß gewachsen, zu linkisch und zu dumm. Ich beneidete die Mädchen, die dazuzugehören schienen, die »richtigen« Kleider trugen und aus den »richtigen« Familien stammten. Jahrelang musste ich jeden Tag weinen, so sehr versuchte ich den verzehrenden inneren Schmerz loszuwerden. Diese Tränen der Trauer trugen stets dieselbe Botschaft: »Warum liebt mich niemand? Was stimmt nicht mit mir? Bitte, will den keiner kommen und mir helfen?«

Um die Sache noch schlimmer zu machen, teilte meine Mutter mir und meinem Bruder an einem Samstagnachmittag in meinem zwölften Lebensjahr mit, dass Vater uns verlassen habe. Ihre Ehe war am Ende, und sie wollten sich scheiden lassen. Der Zerfall meiner Familie verschlimmerte meine tief verwurzelte Angst, dass ich irgendwie fehlerhaft bzw. geschädigt wäre und im Leben ein schlechtes Los gezogen hätte. Die Scheidung meiner Eltern setzte all den Schmerz frei, der sich in mir angesammelt hatte. Auf einen Schlag strömten alle schlechten Gefühle, die ich unter Kontrolle zu haben glaubte, aus mir heraus. Mein Schmerz war so überwältigend, dass ich zu Drogen, Zigaretten und kurzlebigen Freundschaften griff, um ihn zu betäuben, in dem verzweifelten Bestreben, dazuzugehören und die Liebe und Sicherheit zu erhalten, die ich weder in meiner Familie noch in mir selbst finden konnte.

In dem Bemühen, aus meiner inneren Leere heraus einen Sinn zu finden, fasste ich den Entschluss, dass Erfolg für mich der beste Weg zur Freiheit war. Mit dreizehn begann ich zu arbeiten, und mit neunzehn besaß ich mein erstes Geschäft. Ich hatte ein Auge für Mode und liebte es, modische Kleidung für Frauen zu entwerfen. Schicke Kleider zu tragen, gab mir immer ein gutes Gefühl. Scheinbar konnte ich, wenn auch nur für den einen Tag, meine Scham überdecken, indem ich etwas trug, was allen gefiel. Ich strebte danach, am schicksten, modernsten und modischsten auszusehen, damit ich endlich das Gefühl hätte, ich gehöre dazu. Und allem äußeren Anschein nach hatte ich dabei Erfolg: Ich besaß das »richtige« Auto, die »richtigen« Kleider und meiner Meinung nach auch die »richtige« Clique von Freunden. Ich hatte es endlich geschafft, zu denjenigen zu gehören, die »in« waren. Aber trotz all meiner Erfolge und Freunde fühlte ich mich verloren und unglaublich einsam. Ganz gleich, wie viel ich in der äußeren Welt leistete, schien ich doch niemals von der inneren Stimme loszukommen, die mir weismachte, dass ich es nie zu etwas bringen und mein Leben in Wirklichkeit keine Rolle spielen würde. In der Stille der Nacht wurde ich von Verzweiflung überwältigt. Ich fühlte mich mangelhaft, klein, unbedeutend und schmerzlich allein.

Meinen verwirrten Geist zu bewältigen, beschäftigte mich immer mehr. Ich begann zu versuchen, den ständigen inneren Lärm abzustellen, indem ich mich mit Drogen voll pumpte. Ich war wie hypnotisiert von meinem ununterbrochenen inneren Dialog, von der Story, die mir immer wieder einredete, dass ich es nie schaffen würde und nie die Liebe, die Sicherheit und den inneren Frieden, die ich mir so sehr herbeisehnte, erlangen könnte. Tag und Nacht erfüllte jene Stimme meinen Kopf, kritisierte jede meiner Regungen und sabotierte mein Streben nach Erfolg und Glück. Ich hatte geglaubt, wenn ich nur geschäftig genug wäre, ausreichend Sara-Lee-Schokoladenkuchen äße, Chemikalien in mich hineinschüttete und reichlich Autos und Kleider sammelte, könnte ich mich über die Verzweiflung und die Hoffnungslosigkeit erheben, die mich nach jedem Moment der Freude wieder überkamen. Aber das funktionierte nicht. Das Tonband in meinem Kopf pflegte nur noch lauter zu werden, während es mir meine Fehler vorhielt und meine selbst gesetzten Grenzen verstärkte. Unablässig tadelte mich jene Stimme und redete mir ein, dass ich keine Liebe verdiene und immer allein bliebe. Erschöpft ergab ich mich zuletzt meinem inneren Tyrannen: »Okay, du hast gewonnen.« Dann pflegte ich nach einer Packung M&M's-Schokokugeln, einer Zigarette oder einem Tranquilizer zu greifen, um meine Angst vorübergehend zu beruhigen. Aber es dauerte nur Sekunden, bis der Selbsthass zurückkehrte und die Story, wie schrecklich ich doch sei, wieder an der Stelle einsetzte, wo sie aufgehört hatte.

Anfang zwanzig fügte ich meinem Rezept zur Schmerzlinderung Männer hinzu, doch leider schienen diese Beziehungen immer wieder zu scheitern. Stets begannen sie mit einem Hoch, das mir Rettung versprach, und endeten in einem Tief, das mich in ein noch finstereres Loch stürzte als vor Beginn der Beziehung. Inzwischen war mein Missbrauch der verschiedenen »Substanzen« in einem Maße eskaliert, dass mir klar wurde, ich würde nicht viel länger leben, wenn es mit mir weiterhin so abwärts ginge. Jahrelang ging ich ein und aus in Drogenzentren, in dem Bestreben, mein Leben in Ordnung zu bringen. Als ich eines Tages in meinem Therapiezentrum Nummer vier saß, um an einer weiteren Gruppensitzung teilzunehmen, traf mich eine gewaltige Erkenntnis. Während ich mir in der Gruppe anhörte, wie alle von ihrem Leid berichteten, schlugen mich die Worte in ihren Bann. Als die anderen Mitglieder unserer Gruppe ihre Prüfungen und Leiden, ihre Niederlagen und Enttäuschungen schilderten, hörte ich ein gemeinsames Thema – eine Art Handlungsfaden – aus ihren Worten heraus. Erstaunt merkte ich, wie sehr doch jeder Einzelne seinem individuellen, schmerzlichen Drama verpflichtet und absolut sicher war, dass seine Story die Wahrheit, die ganze Wahrheit und nichts als die Wahrheit enthielt. Ich stellte fest, dass die Mitglieder in meiner Gruppe sogar ihre Liebe opferten, um der negativen Story, die sie über ihr Leben erzählten, ihre Hochachtung zu erweisen und ihr treu zu bleiben. Ich beobachtete, wie sich die anderen Teilnehmer um jeden Preis an ihre jämmerliche Saga klammerten, um uns alle davon zu überzeugen, wie furchtbar und wie wahr doch ihre Geschichten seien. Manche Leute waren stolz auf ihre Storys, so als ob ihre Kämpfe und Opfer sie dem Rest von uns irgendwie überlegen machten. Andere waren von Selbstgerechtigkeit erfüllt – allein aufgrund der Tiefe ihres Schmerzes. Plötzlich, in einem Blitz der Klarheit, konnte ich etwas vernehmen, was der Saga einer jeden Person zugrunde lag: Ihre Storys waren einfach das – erdichtete Geschichten, deren wiederholtes Erzählen eine Ablenkung war, die eine viel tiefere Wahrheit verhüllte.

Besonders deutlich kann ich mich an eine Gruppensitzung mit Jessica erinnern, einer hübschen, blonden 28-jährigen Frau, deren Gesicht tiefe Verbitterung und Niedergeschlagenheit verriet. An jenem Tag begann sie unsere Sitzung damit, dass sie uns in dramatischem Ton dieselbe alte Story aufsagte, die sie uns schon in den vergangenen acht oder neun Wochen erzählt hatte: »Meine Mutter liebt mich nicht; mein Vater verließ mich, als ich drei war; mein Freund weiß nicht, wer ich wirklich bin...« Frustriert saß ich da und hätte mir die Haare raufen können. Ich konnte mir diese alte Geschichte einfach keine Minute länger anhören. Aus Jessicas Mund kam es wie von einer gesprungenen Schallplatte, die denselben miesen Refrain wieder und wieder und wieder abspielte. Ich dachte, wenn sie uns doch wenigstens eine neue Melodie präsentieren könnte! Ich wollte aufspringen und schreien: »Geh doch raus aus deiner Story! Kapierst du es denn nicht? Merkst du nicht, dass du dir da eine Story erzählst, die immer auf die gleiche Weise enden wird?!« Ich wünschte mir so sehr, Jessica könnte erkennen, dass sie sich selbst im Innern ihrer ausweglosen Geschichte gefangen hielt. Aber natürlich war ich durch die Begrenzungen dessen gefesselt, was ich inzwischen als meine eigene Story kennen gelernt habe, und die sagte mir: »Du weißt gar nichts. Du weißt nicht, wovon du redest, also bleib sitzen und halt deine große Klappe!« Ich verkroch mich zurück auf meinen Stuhl und glitt tiefer in meine eigene Story hinein. Mein Schweigen war selbst Beweis dafür, dass meine Geschichte mich ganz in ihrer Gewalt hatte.

Da ich Jessicas Gejammer keine Sekunde länger ertragen konnte, schaltete ich ab und richtete meine ganze Aufmerksamkeit auf mich selbst. Während ihre Stimme im Hintergrund verblasste, begann ich meinen eigenen inneren Dialog zu hören: »Niemand liebt mich. Ich kann das nicht tun. Ich werde nie glücklich sein. Ich bin zu mager und zu hässlich. Mein Leben spielt keine Rolle.« Dazu das allzu vertraute »Keiner kümmert sich um mich«! Während ich so dasaß, fiel mir mit einem Schlag auf, dass ich genau wie Jessica immer wieder den gleichen inneren Dialog wiederholte und eine Version meines Lebens rezitierte, die ich zuvor schon eine Million Mal gehört hatte. Schockiert erkannte ich, dass die Handlung meiner Story von derjenigen Jessicas nicht sehr verschieden war, abgesehen davon, dass sie die ihre laut aufsagte. Während ich mir nun selbst lauschte, hörte ich das Thema meiner Geschichte wie einen Mantragesang in meinem Geist: »Ach, ich Arme, ich Arme, ich Arme...« Auf einmal gingen die Lichter an, und ich erkannte: »O mein Gott, mein Leben ist ja auch nur eine Story!«

Bis zu jenem Tag in einem Therapiezentrum in West Palm Beach, Florida, hatte ich im Innern meiner Story geschlafen. Ohne es zu merken, hatte ich ihr die Kontrolle über mein Leben überlassen. Alles, was ich tat, geschah in Übereinstimmung mit dieser Geschichte und innerhalb ihrer Grenzen, und all mein Tun war der verzweifelte Versuch, dieses Gefängnis etwas besser, etwas erträglicher, etwas wohnlicher zu machen. Ständig nahm ich irgendwelche kleineren Änderungen vor – einen neuen Freund, eine neue Arbeit, eine neue Frisur – in dem Versuch, meinen Schmerz zu betäuben und den »Beweis« meiner Unzulänglichkeit zu verbergen. Ich hatte meine Story so sehr mit der Realität verwechselt, dass ich durch diese Veränderungen nichts anderes bewirkte, als die Liegestühle auf dem Deck der »Titanic« umzustellen: Das Schiff sank, während ich, blind für die Realität meiner Lage, eifrig versuchte, es schön zu machen und mich besser zu fühlen.

Endlich dämmerte mir, dass da mehr an mir sein müsste als die Geschichte, die ich mir selbst erzählte. Genau so, wie ich sehen konnte, dass Jessica mehr war, als sie selbst dachte, erkannte ich, dass auch ich mehr sein musste, als meine negativen Gedanken mir einreden wollten. Und in jenem Augenblick ergab ich mich in die Einsicht, dass ich meine Story nicht »in Ordnung bringen« konnte, obwohl ich das jahrelang versucht hatte. Gewiss, sie war ein Teil von mir, aber sicher nicht mein ganzes Ich. Obwohl ich keine Ahnung hatte, was mich jenseits meiner Geschichte erwartete, begab ich mich an jenem Tag auf eine Reise, um herauszufinden, warum ich sie geschaffen hatte und welchem Zweck sie diente.

Die nächsten zehn Jahre meines Lebens brachte ich damit zu, nicht nur meine eigene Story zu erforschen, sondern auch diejenige anderer Menschen. Auf dieser Reise habe ich drei wichtige Dinge gelernt: Erstens erschaffen wir unsere Lebensgeschichten in dem Bemühen, etwas oder jemand zu werden. Zweitens enthalten unsere Storys den Schlüssel zu unserem einmaligen Lebenszweck und zu seiner Erfüllung. Und drittens liegt im Schatten unserer Story ein ganz besonderes Geheimnis verborgen; sobald dieses Geheimnis entschleiert ist, wird uns die Herrlichkeit unserer eigenen Menschlichkeit mit tiefer Ehrfurcht erfüllen.

Die Story, das Thema und der Schatten

Unsere Storys haben einen Sinn. Obwohl sie uns Grenzen setzen, ermöglichen sie es uns doch, zu definieren, wer wir sind, sodass wir uns in der Welt nicht so verloren vorkommen. In unserer Geschichte zu leben, ist so, als befänden wir uns in einer durchsichtigen Kapsel. Die dünnen, transparenten Wände sind wie eine Muschel, die uns in ihrem Innern gefangen hält. Trotz der Möglichkeit, hinauszuschauen und die Welt in unserer Umgebung zu betrachten, bleiben wir darin in Sicherheit geborgen, behaglich im vertrauten Milieu, gefesselt durch eine innere Gewissheit, dass wir nicht weiter gehen können, ganz gleich, was immer wir tun, denken oder sagen mögen. Unsere Storys trennen uns und ziehen klare Grenzen zwischen uns selbst, den anderen und der Welt. Sie beschränken unsere Fähigkeiten und versperren unsere Möglichkeiten. Sie halten uns getrennt, selbst wenn wir darum bitten, dazuzugehören und -zupassen. Sie erschöpfen unsere Lebensenergie und machen uns müde, ausgelaugt und hoffnungslos. Die Vorhersagbarkeit unserer Storys nährt unsere Resignation und garantiert unser Geschick. Wenn wir innerhalb unserer Geschichten leben, verfallen wir in gewohnheitsmäßige Wiederholungen, schädliche Verhaltensmuster und ermüdende innere Dialoge.

Wie alle guten Geschichten haben auch unsere persönlichen Dramen stets ein Thema, das sich während unseres ganzen Lebens ständig wiederholt. Wir können unsere individuellen Themen entziffern, indem wir sorgfältig auf die Schlussfolgerungen achten, die wir aus den Geschehnissen unseres Lebens gezogen haben. Diese Folgerungen formen unsere Existenz und treiben unsere Persönlichkeiten an. Sie werden zu unseren *Schattenkonzepten*, unbewussten, unterschwelligen Überzeugungen, die unsere Gedanken, Worte und Taten steuern. Unsere Schattenkonzepte fixieren unsere Grenzen. Sie schreiben uns vor, wie viel Liebe, Glück und Erfolg wir verdienen. Sie prägen unsere Denkvorgänge und definieren unsere persönlichen Grenzen. Als Wahrheit verkleidet, bringen uns die Schattenkonzepte um unseren Selbstausdruck und unterdrücken unsere Träume. Aber es kommt auch drauf an, zu erkennen, dass unsere Schattenkonzepte genau die Weisheit enthalten, die wir brauchen, um unsere gegenwärtigen Begrenzungen und unsere Frustration zu transzendieren. Denn sie motivieren uns, unsere Mängel zu kompensieren, und veranlassen uns, das Gegenteil von dem zu werden, was wir uns einreden. Unsere Schattenkonzepte treiben uns an, zu beweisen, dass wir würdig, liebenswert und bedeutend sind. Aber wenn wir sie vernachlässigen, richten sie sich gegen uns und sabotieren genau diejenigen Dinge, die wir uns am meisten wünschen, indem sie unser Leben durch ihre negativen Botschaften einschränken.

Warum Sie Ihre Story »brauchen«

Wir bleiben in unsere Storys verwickelt – geborgen im Innern unserer Kapseln –, damit wir uns an die Behaglichkeit des Bekannten klammern und in dem sicheren und vertrauten Gefühl, daheim zu sein, ruhen können. Wenn das Leben schwer wird und wir beginnen, uns dem Schmerz unserer eigenen Begrenzungen oder der Enttäuschung darüber zu stellen, dass wir unterhalb unserer selbst gesetzten Standards leben, können wir so wenigstens auf eines zählen: die Vorhersagbarkeit unserer Storys. Sie geben uns etwas und jemanden, mit denen wir uns identifizieren können. Das Schlimmste für uns Menschen ist es, sich als ein »Nichts« zu empfinden, das Gefühl zu haben, dass unser Leben und unsere individuelle Existenz keine Rolle spielen. Die meisten könnten es eher ertragen, eine unsympathische Person zu sein, als jemand, der völlig unsichtbar ist. In dem verzweifelten Bemühen, unserem Leben Sinn zu geben, schaffen und wiederholen wir so unsere Storys; und da wir uns an denjenigen klammern, für den wir uns halten, verewigen wir unsere Dramen. Dann »werden« wir sozusagen allmählich und unwissentlich zu unseren Dramen. Wir spielen unsere Rollen und tragen sie wie Ehrenspangen mit uns herum. Wir bemühen uns, unsere Geschichten am Leben zu erhalten, und dabei werden wir unbewusst zu Opfern der Storys, die wir schufen, um unser Geheimnis zu schützen: Wir werden Opfer des Lebens.

Wenn wir erkennen, dass wir uns mit unseren Geschichten und nicht mit unserem weiten und tiefen wahren Selbst identifiziert haben, wollen wir sie in unserem ersten Impuls einfach loswerden. Aber weil wir unsere Dramen »geworden« sind und es zugelassen haben, dass sie den Spielraum und den Lauf unseres Leben diktieren, stellt sich eine beunruhigende Frage: Wer sind wir, wenn wir nicht identisch mit unseren Storys sind? Außerhalb davon erscheint uns das Leben unheimlich und unkontrollierbar. Es riecht nach Unvorhersagbarkeit und Ungewissheit. Wir befürchten, unsere Identitäten und unseren Platz in der Welt zu verlieren, wenn wir unsere Dramen aufgeben. Wer wird uns dann beschützen? Wer wird uns dann lieben? Dies sind verheerende Aussichten! Die unbewusste Furcht, die unsere Geschichten antreibt, ist, dass wir von der Leere verschlungen werden, falls wir unsere Identität aufgeben, langsamer machen und nach innen gehen. Unser Widerstand dagegen, nichts zu sein, nichts zu haben, ein Niemand zu sein, rührt an den wahren Kern unseres Daseinskampfs. Unsere Furcht vor der Nichtexistenz ist so tief, dass sich die meisten Menschen mit einer neu verpackten Version des Selbst begnügen, das wir kennen, anstatt im Innern des Unbekannten aufzuwachen.

Ich habe die meiste Zeit darum gekämpft, ein »Jemand« zu sein, einen Lebenszweck zu haben und ein sinnvolles Dasein zu führen. Doch im Lauf der Jahre hat mich meine spirituelle Suche gelehrt, dass ich sowohl die Weite meiner Göttlichkeit als auch die Bedeutungslosigkeit meines Menschseins annehmen muss, um die besondere, einzigartige Frau werden zu können, die ich bin. Ich muss die Tatsache akzeptieren, dass ich alles und nichts bin.

Mein Rabbi Moshe Levin erzählte mir einmal folgende Geschichte aus dem Talmud: Jemand wird aufgefordert, die Worte »Ich bin nichts als Staub und Asche« auf ein Stück Papier zu schreiben, dieses Papier in die Tasche zu stecken und darüber zu meditieren. Anschließend wird der Betreffende aufgefordert, auf ein anderes Papier die Worte »Das ganze Universum wurde für mich allein geschaffen« zu schreiben und es in seine andere Tasche zu stecken. Während der Suchende gleichzeitig über diese beiden Realitäten meditiert, erkennt er, dass beide wahr sind.

Wenn wir das Leben aus der weitesten Perspektive betrachten, sehen wir, dass wir bloß kleine Punkte sind. Solange wir unsere absolute Nichtigkeit und unsere eigene Bedeutungslosigkeit nicht akzeptieren, werden wir ewig der Erfahrung nachjagen, ein Jemand zu sein. Aber sobald wir uns in die Tatsache fügen, dass wir alles und nichts sind – sobald wir sowohl die Story als auch das darüber hinaus Liegende, sowohl den Schatten als auch das Licht umarmen –, werden wir zu ganzen, ausgeglichenen menschlichen Wesen. Wir öffnen uns einer Welt jenseits dessen, was wir kennen. Dann können wir die grandiose Erfahrung machen und sehen, dass wir dem ganzen Universum zugehören und ein wichtiger Teil davon sind. Wir sind fähig, staunend zu erkennen, dass das gesamte Weltall für uns geschaffen wurde, und werden die Größe unserer wahren Essenz erfassen.

Mir ist bewusst, dass dieses Konzept für manche von Ihnen vielleicht nur schwer zu akzeptieren ist; vielleicht fühlen Sie sich nicht dafür bereit, vielleicht bereitet es Ihnen Unbehagen. Aber ich verspreche Ihnen, dass sich neue Möglichkeiten auftun werden, wenn Sie sich dieser Idee öffnen. Wenn Sie sowohl Ihre Siege als auch Ihre Niederlagen, sowohl Ihre Schwächen als auch Ihre Stärken, sowohl Ihre Größe als auch Ihre Nichtigkeit akzeptieren, werden Sie sich sicher genug fühlen, dass sich Ihr göttliches Geheimnis offenbaren kann. Nur durch Rückkehr zum Zustand der Ganzheit werden Sie sich wahrhaft würdig fühlen, Ihre höchste innere Wahrheit zum Ausdruck zu bringen.

Das falsche Selbst

Unsere Storys gleichen alten Freunden. Selbst wenn sie zu viel reden, so wissen wir wenigstens, was auf uns zukommt – eine Alternative, die weniger bedrohlich erscheint, als mit einer Gruppe von Fremden Kontakt aufzunehmen. Die meisten Menschen wählen immer wieder die Behaglichkeit des Bekannten im Rahmen ihrer begrenzten Realitäten, damit sie nicht mit dem Schrecken des Unbekannten konfrontiert werden. Aber unter dieser Oberfläche brodelt eine tiefe Unzufriedenheit über das falsche Selbst, das wir geschaffen haben, und die Story, die mit ihm einhergeht. An dieser Stelle beginnt der Kampf. Diese Unzufriedenheit lässt uns keine Ruhe und flüstert uns ins Ohr: »Da muss doch noch mehr sein als nur dies.«

Um die Größe unserer wahren Natur zu erfassen und uns auf die Reise über unsere begrenzten Geschichten hinaus zu unserem wahren Selbst zu machen, müssen wir uns zuerst der letzten Wahrheit und der für uns oftmals schmerzlichsten Realität stellen: dass wir niemals wirklich vom Göttlichen getrennt sind. Wir sind ein Steinchen in einem göttlichen Mosaik. Wir mögen getrennt erscheinen, wir mögen getrennt handeln, und die meisten von uns mögen in dem Glauben, dass wir getrennt sind, zur letzten Ruhe gehen, doch unsere Individualität ist nichts weiter als eine Illusion. Sie ist eine Art schmerzlicher Ablenkung, die uns in einer endlosen Jagd nach etwas Größerem, Besserem oder anderem als das, was wir bereits besitzen, gefangen hält. Diese Jagd ist vergeblich, denn sie basiert auf dem Trugschluss, dass wir irgendwie »mangelhaft« wären. Im Zustand der Trennung bemühen wir uns, größere und bessere Versionen unseres Selbst zu erschaffen, und versuchen verzweifelt, zu reparieren, was wir für defekt halten.

Wir geben unser von Natur aus göttliches Selbst auf und probieren hektisch, uns in unserer eigenen, einmaligen Identität zu verwurzeln. Zugunsten unseres Selbstbildes verzichten wir auf unser göttliches Selbst. Aber jenes Selbstbild – die Identität, der wir nachjagen – ist nicht das, was wir sind; es ist das falsche Selbst, das wir geschaffen haben, um uns zu definieren. Unser falsches Selbst spielt die Hauptrolle in unseren Dramen, und wir halten uns fälschlicherweise für jene Person. Doch sie ist unsere Persona, unsere Maske, das Bild, das wir geschaffen haben, um uns eine deutliche Identität zu verleihen. Und unsere Story ist der verzweifelte Versuch, unserer Existenz einen Sinn zu geben und etwas zu bestimmen, was nicht bestimmt werden kann. Unsere Storys sind der Ort, an dem unser falsches Selbst haust. Unser falsches Selbst ist Held und Opfer und Star unserer Story. Es sorgt dafür, dass unsere Geschichte intakt bleibt, und beruhigt uns mit einem trügerischen Gefühl von Vorhersagbarkeit und Sicherheit.

Sich vom Göttlichen trennen

In dem Augenblick, in dem wir uns mit unserem falschen Selbst identifizieren, in dem Moment, da wir glauben, wir seien identisch mit unseren Storys, fallen wir aus der Hand des Göttlichen in die kleine Illusion eines getrennten und einsamen »Ichs«. Dann beginnt das Spiel – das Spiel des »Schau mich an, ich bin getrennt von dir«. Wir lassen uns auf diese Scharade ein, weil sie es uns ermöglicht, die Illusion zu bewahren, dass wir wirklich von allem getrennte und individuelle Wesen sind. Selbst wenn unser Verstand an diesem Punkt unserer spirituellen Reise begreift, dass wir alle eins sind, kämpfen wir auf unbewusster Ebene weiter um das getrennte Leben, das uns vertraut ist, und gehen der Erfahrung der Einheit aus dem Wege. Wir glauben, wenn wir uns der höchsten Wahrheit stellen – unserer Einheit –, dann wird die Einzigartigkeit sterben, an der wir festhalten. Aber es ist unsere Aufgabe, jener Wahrheit ins Auge zu sehen, weil das Leben innerhalb unserer Story und in der Illusion der Trennung kein wirkliches Leben ist. Es ist ein endloses Wechselspiel des Begehrens und des Fürchtens, ein Spiel, das wir nicht gewinnen können. Es ist das Spiel des »Wenn nur«: »Wenn ich nur reich, berühmt, gesund, klüger, weiser, schneller, listiger oder jünger wäre, dann könnte ich in diesem Spiel gewinnen und das wohlverdiente Glück finden«, »Wenn ich nur mehr Leute kennte, eine bessere Arbeit fände oder mein eigenes Geschäft bekäme, dann hätte ich, was ich bräuchte, und ich wäre glücklich«, »Wenn ich nur mein neues Haus, mein neues Auto, meine neue Freundin oder ein paar neue Kleider bekäme, würde ich mich so gut fühlen«, »Wenn ich nur hoch geschätzt, geachtet, geliebt oder beachtet würde, so wäre mein tiefstes Verlangen erfüllt« … Oder vielleicht geht es in Ihrem Spiel darum, etwas loszuwerden: »Wenn ich nur nicht so egoistisch, fett, faul, zornig, bitter, müde oder pleite wäre«, »Wenn nur meine Kinder, mein Mann oder meine Mutter aufhören würden, so ein Theater zu machen«. Oder unsere ganz großen Wünsche: »Wenn ich nur endlich mein perfektes Körpergewicht erreichte oder meinen Lebenszweck fände, wäre ich zufrieden.« Dies ist ein aussichtsloses Spiel, eine Falle, ein endloses Labyrinth ohne Ausweg.

Tag und Nacht bemühen wir uns, Strategien, Mittel und Wege zu ersinnen, um in dem »Wenn-nur«-Spiel zu gewinnen. Aber dieses Spiel läuft innerhalb unserer Storys ab. Es wurde entwickelt, um uns beschäftigt zu halten und um uns einen Anhaltspunkt für unsere individuelle Identität zu geben. Doch wenn wir bereit sind, genau hinzuschauen, werden wir erkennen, dass das Spiel nichts weiter als ein Köder ist, der uns unsere Wirklichkeit und unsere wahre Essenz verbirgt. Um diesen Kampf zu beenden, müssen wir einsehen, dass viel von dem, was wir von uns glauben, eine Story ist. Für die meisten von uns ist es eine kräftezehrende Geschichte. Wir schufen unsere Storys, um uns eine Identität zu geben und die Heiligkeit unserer wahren Essenz zu schützen. Und wir werden diese Story brauchen, um in die Gegenwart unserer Göttlichkeit zurückzufinden und den Sinn unseres Lebens zu entfalten.

Unsere Story annehmen

Unsere Storys dienen einem göttlichen Zweck. Sie bilden einen realen und notwendigen Teil unserer persönlichen Entwicklung. Wenn wir ihre Bedeutung nicht begreifen, bleiben wir in einem Teufelskreis gefangen, indem wir ständig versuchen, Teile unseres Selbst zu reparieren, die nicht beschädigt sind. In unseren persönlichen Dramen verborgen liegt für uns eine wichtige Botschaft, eine Perle der Weisheit, die es zu gewinnen gilt und die den Schlüssel zur Erfüllung unserer einmaligen Aufgabe für die Welt in sich trägt. Unsere Geschichten enthalten genau diejenigen Zutaten, die wir benötigen, um zu den Menschen zu werden, die wir immer sein wollten. Im Innern einer jeden unserer Storys steckt ein göttliches Rezept zu einem ganz außergewöhnlichen Leben.

Der erste Schritt zur Enthüllung Ihres Rezepts ist die Erkenntnis, dass Sie Ihr Drama selbst geschaffen haben, nicht nur, um sich zu schützen, sondern um unwissentlich die Weisheit und die Erfahrungen zu sammeln, die Sie brauchen, um Ihren Lebenssinn zu erkennen. Sie schufen Ihre Story, um die

Lektionen zu lernen, die Sie zu lernen hatten. Wie ein Meisterkoch haben Sie Ihr Leben lang in der »Küche« gestanden, wo Sie Schmerz, Freude, Triumph und Scheitern zusammenbrauten, damit Sie die notwendigen Bestandteile sammeln konnten, um Ihr außergewöhnliches Selbst zu manifestieren. Ihre Story – mit all ihrer Dramatik und ihrem unverarbeiteten Schmerz – enthält dieses Rezept.

Die meisten von uns werden vom Drama ihrer Geschichte so sehr abgelenkt, dass sie ihre göttliche Bestimmung auf Erden vergessen. Wir sind dem Schmerz unserer persönlichen Story dermaßen verpflichtet und haben nichts Besseres zu tun, als anderen die Schuld zu geben, dass wir nicht einmal erkennen: Unser Schmerz hat einen Sinn. Dies sollten wir wiederholen: All unser Schmerz hat einen Sinn! Er ist da, um uns zu lehren, uns zu führen und uns die Weisheit zu schenken, die wir brauchen, um unsere Gaben in die Welt zu bringen. Die meisten benutzen ihre Traumata und Wunden, um sich selbst zu strafen, stecken zu bleiben und sich klein zu halten. Aber wenn unser Schmerz und unsere Enttäuschung erforscht und als Lernmittel eingesetzt werden, gewähren sie uns heilige Lebenslektionen, die uns nur auf diese Weise vermittelt werden können.

Sie sind hier, um Ihren eigenen, einmaligen Geschmack beizutragen und der Welt auf Ihre eigene Weise zu dienen. Frau Knight, eine der Kindergärtnerinnen meines Sohns, machte ihrer Klasse dieses Prinzip anschaulich. Am ersten Tag übergab Frau Knight allen Kindern einen Teil eines Puzzles mit einer Nummer auf der Rückseite. Dann rief sie jedes Kind mit seiner Nummer auf; jedes brachte seinen Teil des Puzzles nach vorn, und Frau Knight legte es an die richtige Stelle in dem Papprahmen, der das Ganze zusammenhielt. Die Klasse hatte zwanzig Kinder und das Puzzle zwanzig Teile. Nachdem Frau

Knight zuletzt die Nummer zwanzig aufgerufen hatte, konnte man das gesamte Bild erkennen, außer einem fehlenden Teil, und das verhinderte, dass wir die Schönheit des ganzen Bildes sehen konnten. Der kleine Junge mit der Nummer neunzehn fehlte an jenem Tag, aber die Klasse war auf seinen Beitrag angewiesen, um das Gesamtbild sichtbar zu machen. Auf diese schöne Weise zeigte Frau Knight den Kindern, wie wichtig jeder Einzelne von ihnen war, um das Ganze zu vervollständigen.

Mit Tränen in den Augen saß ich da und musste darüber nachdenken, wie jeder Einzelne von uns einen wichtigen Beitrag zum Ganzen der Menschheit leistet. Jeder hat dem Gesamtbild des Lebens einen wichtigen Teil hinzuzufügen. Wenn wir in der Vergangenheit feststecken, unser Leben, unsere Story und uns selbst hassen, ist es unmöglich, unseren Teil des Puzzles einzufordern und an seinen vorbestimmten Platz zu legen. Solange wir mit unseren Geschichten keinen Frieden schließen, ist es uns unmöglich, die Zutaten zu bekommen, die wir benötigen, um unser göttliches Selbst zu manifestieren. Alle Teile unseres Dramas – jede unserer Erfahrungen, die Teile unseres Selbst, die wir lieben, die Teile, die wir hassen – tragen dazu bei, unseren Beitrag einmalig zu machen. Manche bekamen den mittleren Teil des Puzzles, manche den letzten, während andere den großen, runden Teil erhielten. Im Puzzle ist kein anderes Stück genauso wie das Ihre. Ihr einmaliger Beitrag liegt schlummernd da und wartet darauf, dass Sie all die nötigen Erfahrungen sammeln, um Ihren Teil des Puzzles zu vollenden. Jeden Tag rufen Sie Erfahrungen hervor, die sich perfekt eignen, um die erforderliche Weisheit für Ihr einzigartiges Rezept, Ihren Teil des Puzzles, zu sammeln.

Der Prozess

Das Geheimnis des Schattens soll Sie zu der Einsicht führen, dass »Ihre Story« nicht definiert, wer Sie wirklich sind. Sie ist nur ein kleiner Teil von Ihnen, der Sie in sich wiederholenden Mustern gefangen hält und das Maß von Liebe, innerem Frieden und Erfolg begrenzt, das Ihnen zusteht. Damit Sie aber Ihr ganzes Selbst erfassen und Ihre wahre Herrlichkeit erkennen, müssen Sie aus Ihrer Story heraustreten. Dieser Schritt ermöglicht es uns, die perfekt gebauten Mauern um unsere offenen Herzen niederzureißen. Um außerhalb unserer Dramen zu leben, müssen wir unsere Wunden heilen und Frieden mit unserer Vergangenheit schließen. Wir müssen den Schmerz aufdecken und die Mängel und Unzulänglichkeiten akzeptieren, die unsere menschliche Existenz mit sich bringt. Solange wir uns nicht mit der Person, die wir sind, und der Frage, warum wir hier sind, abfinden und die gewaltigen Lektionen begreifen, die das Leben uns lehrt, kommen wir nicht aus der Enge unserer eigenen persönlichen Dramen heraus.

Um Ihre Story zu transzendieren, müssen Sie bereit sein, den alltäglichen Kampf Ihrer persönlichen Existenz zu erfahren. Denn nur wenn Sie Ihr Leben genau so nehmen können, wie es ist, haben Sie die Möglichkeit, seine Richtung zu ändern. Um ein Leben außerhalb der Grenzen Ihrer Story zu leben, werden Sie zuerst lernen, all die Muster, mit denen Sie sich abgesondert und in Ihre Geschichte eingeschlossen halten, klar zu bestimmen. Sie werden die Bereitschaft entwickeln, alle Verhaltensweisen zu akzeptieren, mit denen Sie es vermeiden, die in Ihnen angelegte Nichtigkeit mit Liebe anzuerkennen und anzunehmen. Sie werden all die Verhaltensweisen kennen lernen, mit denen Sie sich selbst zu definieren versuchen, sodass niemand Sie mit jemand anderem verwechselt, die verschiedenen Mittel und Wege, mit denen Sie Ihre Identität vervollständigen, damit Sie den tiefen Abgrund und die Leere, die unter Ihrem Verlangen lauern, nicht zu spüren brauchen.

Dieses Buch will Ihnen zeigen, wie Sie Ihre Story einsetzen können, um Nutzen aus Ihren Traumata und Mängeln zu ziehen und Weisheit aus Ihren Wunden zu gewinnen. Es erklärt Ihnen den Prozess, mit dessen Hilfe Sie Ihr einzigartiges Rezept erlangen und das im Schatten Ihrer Story verborgene Geheimnis offen legen. Jetzt ist der Zeitpunkt, um herauszufinden, wie Sie Ihre Story nutzen können, um Ihr eigenes Leben und das Leben anderer Menschen zu bereichern. Das ist der Grund, warum Sie sie haben. Aber Sie werden sie nur nutzen können, wenn Sie bereit sind, aus jener Story namens »Ich« herauszutreten.

In den folgenden Kapiteln werden wir all die endlosen Verhaltensmuster identifizieren, mit denen wir nach Erfüllung und Glück gejagt haben. Wann immer wir einer Sache blindlings nachhasten, sollten wir innehalten und uns fragen, warum wir das tun; hier ist der Ort, an dem wir wichtige Anhaltspunkte finden werden. Unabhängig davon, ob wir in der Welt nach Liebe, Aufmerksamkeit, Respekt oder Erfolg streben, sollten wir die Erkenntnis akzeptieren, dass all unser Streben ein Versuch ist, irgendeine Leere oder Lücke zu füllen, die tief in unserem Wesen angelegt ist. Wir müssen anerkennen, dass unsere Strategien, Erfüllung zu finden, gescheitert sind. Dann können wir uns mit all den Verhaltensweisen auseinander setzen, mit denen wir uns selbst verletzt haben, und mit all den Orten, an denen wir »unsere Seele verkauft« haben, um uns selbst und unsere Storys aufzubessern.

Das Geheimnis des Schattens ist ein Buch, in dem es um die Entdeckung Ihrer wahren Essenz geht. Es will Ihnen als Führer dienen, der Sie zurück nach Hause leitet – dorthin, tief innen, wo Sie hingehören. Im Angesicht Ihrer wahren Essenz, unbelastet von Ihrer Story, werden Sie sich als die Totalität des Universums begreifen – sowohl in der Nichtigkeit Ihres kleinsten Selbst als auch in der Universalität Ihres Menschseins. Wenn Sie aus Ihrer Story heraustreten, werden Sie entdecken, dass das »Ich«, das Sie immer sein wollten, nicht innerhalb Ihrer Story existiert. Sobald Sie erst einmal draußen sind, werden Sie sehen, dass das Leben Ihrer Träume und die Erfüllung Ihrer tiefsten Wünsche auf Sie warten. Hier werden Sie sich veranlasst fühlen, das im Schatten Ihrer Story verborgene Geheimnis an die Welt weiterzugeben. Dann werden Sie wissen, was es bedeutet, im Glanz Ihres großartigen Selbst zu leuchten.

Schritte zur Heilung

1. Kaufen Sie zuerst ein schönes Tagebuch und geben Sie ihm den Titel »Meine großartige und geheimnisvolle eigene Story«. Nehmen Sie sich vor, dieses Tagebuch zu benutzen, um die Gefühle, Gedanken und Einsichten aufzuschreiben, die Ihnen bei den Übungen in diesem Buch kommen. Während Sie die Übungen machen, sollten Sie sich möglichst nicht korrigieren oder zensieren, sondern frei zum Ausdruck bringen, was Ihnen durch Geist und Herz geht.
2. Wählen Sie eine Zeit, in der Sie allein sein können, und machen Sie es sich bequem. Schaffen Sie einen Raum, der frei von Ablenkungen ist, und legen Sie Ihr Tagebuch neben sich. Schließen Sie die Augen, machen Sie ein paar langsame, tiefe Atemzüge und spüren Sie, wie Sie bei jedem Atemzug tiefer in sich hineingehen. Sorgen Sie für völlige

Entspannung und innere Stille und widmen Sie die nächsten Minuten Ihrem spirituellen Wachstum und Ihrer Selbsterforschung. Machen Sie einen weiteren langsamen, tiefen Atemzug und lassen Sie Ihre Aufmerksamkeit sanft auf dem Herzbereich ruhen. Während Sie so atmen, spüren Sie, wie Sie mit Ihrem inneren Wesen Verbindung aufnehmen – dem wesentlichen Aspekt Ihrer selbst, der in jedem Moment Ihres Lebens bei Ihnen gewesen ist.

Stellen Sie sich vor, Sie würden einen Film Ihres Lebens anschauen: Sie sehen sich am Tag Ihrer Geburt. Sie malen sich Ihre frühe Kindheit aus, als Sie Laufen und Sprechen lernten. Rufen Sie sich die Jahre in der Schule ins Gedächtnis, sehen Sie die Gesichter und hören Sie die Stimmen derer, mit denen Sie – zu Ihrem Guten oder Ihrem Schlechten – in Ihren Entwicklungsjahren in Berührung kamen. Lassen Sie diesen Film auf der Leinwand Ihres Bewusstseins ablaufen, fühlen Sie und denken Sie dabei an Ihre Lieben, an Ihre Verluste, Enttäuschungen, Herausforderungen und Leistungen. Vertrauen Sie darauf, dass alles, was Ihnen in den Sinn kommt, vollkommen ist. Atmen Sie tief, während Sie über die vielen Erfahrungen nachdenken, die Sie in Ihrer Lebenszeit auf dieser Erde gemacht haben.

Öffnen Sie sich dem Gedanken, dass jede dieser Erfahrungen und jedes Ereignis Ihres Lebens sich in Übereinstimmung mit einem göttlichen Plan entfaltet haben. Akzeptieren Sie die Möglichkeit, dass jede Person, jedes Geschehen und jeder Vorfall in Ihr Leben gebracht wurde, um Sie zu Ihrer eigenen inneren Weisheit zu erwecken. Denken Sie darüber nach, dass Sie geboren wurden, um einen einmaligen Beitrag zu leisten, und dass jede Erfahrung Ihres Lebens Sie auf irgendeine Weise darauf vorbereitet hat, der Welt Ihre besonderen Gaben zu schenken. Holen Sie noch einmal tief

Luft, und wenn Sie fertig sind, öffnen Sie langsam Ihre Augen und nehmen sich ein paar Minuten Zeit, um in Ihr Tagebuch über alle Gedanken oder Gefühle zu schreiben, die nun in Ihrem Innern präsent sind.
3. Jedes Kapitel in diesem Buch endet mit einer Kontemplation – einem Gedanken, der langsam genossen, überdacht und aufgenommen werden sollte. Lassen Sie sich Zeit – eine Woche oder sogar zwei Wochen – und denken Sie tief über die Worte in diesen Kontemplationen nach.

Kontemplation

Mein Leben folgt einem göttlichen Plan.

– 2 –

Dein einzigartiges Rezept

In Ihrem Leben haben Sie die Süße der Liebe, die herbe Enttäuschung des Verlusts und die Bitterkeit gekostet, die nach zu großem Herzensleid zurückbleibt. Jede einzelne dieser Erfahrungen bildet einen Teil Ihres einzigartigen Rezepts. Sonst wären Sie nicht der Mensch, der Sie sind. Wenn Sie diese Erfahrungen begriffen und integriert haben, werden sie Ihnen alles schenken, was Sie brauchen – jedes bisschen Weisheit, Einsicht und Stärke –, um Ihren höchsten Traum zu leben.

Das Universum in seiner ganzen Vollkommenheit wirkt zusammen, um uns genau das zu geben, was wir benötigen, damit wir unser Rezept vollenden können. Es schenkt uns all das Glück, all das Unglück, das Verlangen, die Erfüllung, die Sucht, das Streben, das Trauma, die Trennung. Denken Sie an die einmaligen Umstände, in die jeder von uns hineingeboren wurde: Einige von uns kamen als Afroamerikaner, andere als Kaukasier, Lateinamerikaner, Asiaten oder Gemischtrassige auf die Welt. Manche wurden mit Liebe überhäuft, während man andere vernachlässigte; einige wurden geschlagen, andere verwöhnt. Wir meinen vielleicht, wir hätten ein schlechtes Los im Leben gezogen, aber uns widerfuhr genau das Schicksal, das wir brauchten, um unser Rezept zu vollenden. Jede Erfahrung unseres Lebens hat dem Rezept namens »Du« eine charakteristische und wesentliche Zutat hinzugefügt.

Stellen Sie sich Gott als Chefkoch vor, der Millionen von verschiedenen Süßspeisen kreieren wollte, um seinen Kindern Freude und Genuss zu bereiten. In seiner Weisheit ist er sich wohl bewusst, dass zur Zubereitung solcher Köstlichkeiten viele verschiedene Zutaten nötig sind. Er weiß, dass ein einfacher Zuckerkuchen den Gaumen nicht befriedigen wird. Deshalb gab er uns alle nötigen Ingredienzien, damit wir zu einem möglichst köstlichen Dessert werden könnten. Jede unserer Erfahrungen von Verlust und Gewinn, Freude und Schmerz steuerte eine wesentliche Zutat bei. Jede dieser Zutaten ist erfüllt von Weisheit und soll uns lehren, uns führen und uns lebenswichtige Informationen liefern, die uns dabei unterstützen, zu derjenigen Person zu werden, die wir am meisten zu sein wünschen.

Das Rezept namens Debbie Ford

Im Innern meiner eigenen schmerzlichen, dramatischen Story fand ich das perfekte Rezept, um die Debbie zu schaffen, die ich mir ersehnte. Die Liste meiner Zutaten begann damit, dass ich das jüngste von drei Kindern war, mit einem Bruder und einer Schwester, die von meinem Dasein nicht gerade begeistert waren. Zu meinem Rezept gehörten ein verzweifeltes Bedürfnis, geliebt und akzeptiert zu werden, und ein äußerst empfindlicher Gefühlshaushalt. Fügen Sie dem einen geräuschvollen inneren Dialog hinzu, der ständig auf mich einhämmerte, indem er mir zu verstehen gab, wie unerwünscht und ungeliebt ich doch sei. Rühren Sie dazu dreizehn Jahre Drogenmissbrauch hinein, bei dem ich die Abgründe meiner eigenen Dunkelheit kennen lernen und eine tiefe Beziehung zu meiner Ohnmacht entwickeln konnte. Mischen Sie dazu eine

Prise Selbsthass und eine massive Dosis Neurose. Geben Sie ferner eine große Menge Entschlossenheit bei, die mich dazu bewegte, fünf Jahre meines Lebens der Suche nach Antworten auf einige der schwierigsten Fragen des Menschenlebens zu widmen. Fügen Sie 25 Jahre Erfahrung darin hinzu, allem und jedem die Schuld zu geben – Gott, dem Universum, meinen Eltern –, sodass ich mit Gewissheit wusste, dass ich das Vermögen hatte, mich für den Rest meines Lebens unglücklich zu machen. Zuletzt kommen noch eine Prise Arroganz und die Überzeugung hinzu, dass ich alles besser wüsste – und Sie haben das perfekte Rezept, um mich zu motivieren, die Antworten auf die Frage zu finden, wie ich alle Teile meiner selbst lieben und annehmen könnte.

Es dauerte viele Jahre, bis ich merkte, dass meine Aufgabe, mich »in Ordnung zu bringen«, einem Fass ohne Boden glich. Es war eine endlose und undankbare Aufgabe, die mich nirgendwohin führte. Ich war wirklich davon überzeugt, dass es mir besser gehen würde, wenn ich erst die ungeliebten Teile meines Rezepts loswerden könnte. Aber dieser erfolglose Kampf führte mich zu der Entdeckung, dass ich überhaupt nichts loszuwerden brauchte. Vielmehr kam es darauf an, alles zu integrieren und zu akzeptieren.

Ich erkannte, dass ich jede Zutat in meinem Teig bräuchte, um das »Ich« zu werden, das ich mir immer gewünscht hatte. Ich bräuchte jede Erfahrung der Schwäche und der Stärke, der Furcht und des Muts, des Erfolgs und des Versagens. Solange ich ständig versuchte, meine Hand in den Teig zu stecken, um bestimmte unerwünschte Zutaten herauszuholen – mein Trauma, meine Schwäche, meinen Selbstzweifel –, würde ich ein ungebackener Klumpen Potenzial bleiben. Aber wenn ich all meine Zutaten integrierte, sie gut vermischte und ihren einmaligen Beitrag anerkannte, könnte ich endlich erkennen, dass ich all die Materialien für ein perfektes Ich besaß. Da ich mich jahrelang bemüht hatte, eine andere Person als ich selbst zu werden, war es eine große Erleuchtung: zu erkennen, dass alles, was ich zu tun hatte, darin bestand, mit dem Versuch aufzuhören, jemand zu sein, der ich nicht war. Ich gelangte zu der Einsicht, dass man zu einem perfekten Kuchen manchmal etwas Salz braucht und dass er unverdaulich wird, wenn wir die Bitterkeit unseres Teigs überkompensieren, indem wir haufenweise Zucker zugeben.

Jeder Mensch kommt mit einem besonderen Auftrag in diese Welt, so als wäre ein Rezept zu unserer höchsten Erfüllung in unsere Seelen geschrieben. Dieses Rezept ist für jeden verschieden; es gibt keine zwei, die genau übereinstimmen. Um dieses Rezept namens »Ich« zu entdecken, müssen wir herausfinden, was in unserem Teig steckt.

Zu meinem Rezept gehörte es, dass ich 38 Jahre lang warten musste, um den perfekten Mann und Lebenspartner zu finden. Dann verlangte es von mir, die am meisten geliebte Person im ganzen Universum zu gebären, nur um zusehen zu müssen, wie meine Ehe zerbrach. Die nächste Zutat war eine unerwartete Scheidung, die das ganze Trauma und den Schmerz von der Scheidung meiner eigenen Eltern wieder aufrührte. Die überwältigende Angst, es nicht allein zu schaffen, fügte einen angenehmen Geschmack hinzu, sodass ich den Mut und die Kraft fassen konnte, mein erstes Buch – *Die dunkle Seite der Lichtjäger* – zu schreiben. All jene Traumata, die Zutaten meines Rezepts, vermittelten mir die Bereitschaft und die Weisheit, tief in meiner Seele zu graben und jenes Buch zu verfassen.

Auch in einer Million Jahre hätte ich niemals vermutet, dass all mein Schmerz und meine Dunkelheit, all meine Selbstsucht und mein nie enden wollendes Verlangen, etwas Besonderes in der Welt zu leisten, sorgfältig zusammengemischt waren, um mich in die Lage zu versetzen, die höchste Form meines Selbst zu verkörpern. Aber das perfekte Rezept für mein Leben wartete auf seine Entdeckung. Ich lernte, den gegebenen Kräften zu vertrauen, und gelangte zu der demütigenden Erkenntnis, dass niemand wirklich wissen kann, welche Erfahrungen wir benötigen, um der Welt unsere größte Gabe zu schenken.

Während ich das Nötige tat, um meine Probleme mit meinem Exmann zu heilen, sammelte ich unwissentlich Weisheit und wichtige Zutaten für mein Rezept. Die Vorbereitungen für mein zweites Buch – *Spirituelle Trennung* – zwangen mich, zu wachsen, mich zu entfalten und Verantwortung für meine Lebenswirklichkeit zu übernehmen, ganz gleich, was mein Ex oder sonst jemand tat. Ich war gezwungen, den schwierigen Weg einzuschlagen und mich zu fragen: »Wie kann ich dadurch wachsen? Wie kann mir das nutzen und mich zu meinem göttlichen Selbst führen?« Natürlich hatte ich durchaus andere Optionen: Ich hätte meinen Schmerz hassen können; ich hätte mich selbst bedauern können, weil ich unter so vielen Schmerzen zu leiden hatte. Doch stattdessen entschied ich mich dafür, nach dem Gold und den Juwelen zu suchen und mich zu fragen: »Ah, wozu sollte das gut sein? Was kann ich aus dieser Situation herausholen? Was kann ich nun vollbringen, das ich nicht gekonnt hätte, wenn ich diese Erfahrung niemals gemacht hätte?« Ich habe das perfekte Leben gelebt, um die Arbeit zu tun, die ich jetzt ausführe. Denn ich könnte anderen nicht helfen, ihren Schmerz zu heilen und das Leben ihrer Träume zu gestalten, wenn ich das nicht zuerst für mich selbst geschafft hätte.

Ein göttliches Büfett

Stellen Sie sich vor, Sie blättern in Ihrem Lieblingskochbuch und finden darin mehrere Rezepte für leidenschaftliche, erfüllte, reich gesegnete, außergewöhnliche menschliche Wesen. Fasziniert gehen Sie schnell zu den angegebenen Seiten, um zu sehen, welche Zutaten man für solche Meisterstücke bräuchte, und lesen auf der ersten Seite:

»Mischen Sie vierzehn Traumata, vier gebrochene Herzen, eine Mutter, die zu sehr liebte, einen Vater, der emotional nicht zugänglich war, und einen untreuen Ehemann. Fügen Sie dazu die Gelegenheit, allein erziehende Mutter mit zwei Kindern zu sein. Geben Sie dazu noch vier Extraportionen Selbstsucht, ein Schattenkonzept, das Ihnen ständig einredet: ›Ich bin nicht gut genug‹, sowie ein Ego, das laut kreischt: ›Ich werde allen beweisen, dass ich gut genug bin…‹ Und voilà! Hier haben Sie die 42-jährige Lynda, eine rundum zufriedene Frau, die als Finanzvorstand einer Siebzehn-Millionen-Dollar-Firma arbeitet.«

Oder probieren Sie einmal dieses Rezept:

»Vermischen Sie geschiedene Eltern mit Zwillingsbrüdern, die Ihnen Tag für Tag zusetzen. Geben Sie dazu vier Jahre einer schlechten Ehe und ein sehr erfolgreiches Geschäft, sechs Jahre Depression und eine Immunschwächeerkrankung. Fügen Sie einen lärmenden inneren Dialog hinzu, der Sie daran erinnert, dass mit Ihnen ganz sicher etwas nicht stimmt. Garnieren Sie das Ganze mit der tiefen inneren Überzeugung, dass alles gut wird, wenn Sie nur lange genug leiden. Rühren Sie eine leidenschaftliche Liebe zu Musik und Kunst hinein, backen Sie 43 Jahre lang bei starker Hitze... Und presto! Hier haben Sie Jeffrey, einen Songschreiber und Produzenten einer Show für Kinder, die ihnen beibringt, nett zueinander zu sein.«

Oder wie wäre es mit folgender Kostprobe:

»Fangen Sie an mit einem Elternpaar mit hohen Erwartungen und dem Bedürfnis, jede einzelne Ihrer Bewegungen zu kontrollieren. Fügen Sie eine gehäufte Portion von Unzulänglichkeit, zwölf Jahre, in denen Sie eine perfekte Schülerin sein wollten, sechzehn erstaunliche Siege und sechzehn Erfahrungen von tiefer Leere hinzu. Geben Sie dazu zwei Selbstmordversuche und vier Ereignisse, um Sie in die Knie zu zwingen. Streuen Sie darüber Liebe zu Mathematik und Naturwissenschaft und die Gabe, sich in die Probleme anderer Menschen einzufühlen. Rühren Sie einen unerschütterlichen Glauben an Gott und eine Portion Selbstverwirklichung hinein. Lassen Sie das Ganze 32 Jahre lang abkühlen. Lernen Sie Pam kennen, eine Kinderpsychologin mit holistischem Ansatz.«

Es ist natürlich leicht zu verstehen, dass Ihre positiven Attribute zu Ihrem einzigartigen Rezept beitragen. Sie wissen es wahrscheinlich zu schätzen, wie sehr Ihre Talente, Ihre natürlichen Fähigkeiten und Ihre Kindheitsträume das Leben und die Person, zu der Sie geworden sind, bereichert haben. Aber die traumatischen Ereignisse in Ihrem Leben – die Erfahrungen, die bei Ihnen Verletzungen zurückließen – bilden einen ebenso wichtigen Teil der Mischung, die benötigt wird, damit Sie zu all dem werden, was Ihnen möglich ist. Jede Unsicherheit, jede Furcht, jede Tragödie, jede Obsession, jede gescheiterte Beziehung und jedes beschämende Ereignis enthalten Hinweise, die Sie zu Ihrem großartigsten Selbst führen können. Mischen Sie alle zusammen, und sie werden Sie zu der einzigartigen Leistung, die Sie erbringen, antreiben. Wenn Sie alle Zutaten in Ihrem Rezept akzeptieren und sie Bestandteil Ihres Teigs sein lassen, ist das, was aus dem Backofen kommt, diejenige Person, die sich Ihre Seele ersehnt.

Ihre eigenen Zutaten benutzen

Die meisten Leute leiden endlos unter den schmerzlichen und unerwünschten Zutaten ihres Rezepts; es gibt jedoch einige ungewöhnliche Menschen, die es vorziehen, ihren Schmerz zum Wohl der Welt einzusetzen. Der Tod eines Kindes ist eine der schlimmsten »Zutaten«, die man sich in seinem Rezept vorstellen könnte. Wie wäre es aber, wenn in dem göttlichen Plan für Sie vorgesehen wäre, dass Sie jene Erfahrung nutzen, um das Leben Tausender von Kindern zu retten? John Walsh, der Moderator von »America's Most Wanted« [dem Pendant von »Aktenzeichen XY… ungelöst«], hat genau das gemacht. Nachdem sein sechsjähriger Sohn Adam ermordet wurde, engagierte sich John für die Rechte von Verbrechensopfern und lenkte so die Aufmerksamkeit auf ein Thema, das jahrelang unter den Teppich gekehrt worden war. John, der den Tod seines Kindes nicht umsonst sein lassen wollte, verwandelte seinen Zorn in positives Handeln und gründete ein nationales Programm, um Zehntausende von Gewalt- und Sexualverbrechern hinter Gitter zu bringen. John Walsh hätte sich ebenso gut dafür entscheiden können, jahrelang seinem Kummer nachzugeben; stattdessen beschloss er, ihn zum Wohl der Welt zu nutzen.

Dave Pelzer aus Kalifornien, in den USA bekannt als eines der am schlimmsten missbrauchten Kinder, war von seiner emotional unausgeglichenen und alkoholsüchtigen Mutter brutal geschlagen worden und musste lange Zeit hungern. Dank seines Mutes, seiner Kraft und seiner Fähigkeit, Vergebung zu üben, verwandelte Dave seine Wunden in Weisheit und schrieb einen ergreifenden Bericht über seine Lebensgeschichte, die Millionen von Lesern tief berührte. Sein Buch *Sie nannten mich »Es«* stand drei Jahre lang auf der Bestsellerliste der *New York Times* und wurde für den Pulitzerpreis nominiert. Während sich sicher nur wenige Leute schweren physischen und emotionalen Missbrauch bewusst als Teil ihres Lebensrezepts aussuchen würden, sollten wir Gott dafür danken, dass Dave sich entschloss, seine Erfahrung dafür einzusetzen, um das Leben anderer Menschen zu verbessern.

Bereits im Alter von neunzehn Monaten wurde Helen Keller infolge eines lebensgefährlichen Fiebers blind und taub. Indem sie sich über die Unwissenheit ihrer Zeit und ihre eigene Frustration erhob, fasste Helen den Entschluss, mithilfe ihrer verbliebenen drei Sinne mit der Welt zu kommunizieren. Sie wurde zu einer geschickten und leidenschaftlichen Kommunikatorin und schrieb dreizehn Bücher. Auf ihren Vortragsreisen rund um die Welt zur Unterstützung der Behinderten und Unterprivilegierten zerstörte sie nahezu allein uralte Mythen über die Blindheit. Stellen Sie sich einmal vor, was der Welt entgangen wäre, wenn Helen Keller sich entschieden hätte, in Selbstmitleid zu versinken, indem sie die Zutaten ihres einzigartigen Rezepts zurückwies.

Viktor Frankl wurde fünf Jahre lang im KZ Auschwitz gefangen gehalten. Nachdem seine Mutter, sein Vater und seine schwangere Frau alle von den Nazis umgebracht worden waren, hielt sich Frankl an das, was er »die letzte menschliche Freiheit« nannte – nämlich »seine Haltung unabhängig von den gegebenen Umständen zu bestimmen«. Das Akzeptieren jener entsetzlichen Erfahrungen inspirierte Frankl zu seinem Buch *Der Mensch auf der Suche nach dem Sinn*, das als eines der einflussreichsten Werke der humanistischen Psychologie gilt.

Wir sollten lernen, unsere ganze Geschichte zu betrachten – einschließlich unserer Traumata, Behinderungen, Niederlagen und Lebensbedingungen – und zu sagen: »Danke, Gott, dass du mir das gegeben hast!« Denn diese Erfahrungen sind maßgeschneidert, um uns zu befähigen, unseren einzigartigen Beitrag zu leisten.

Denken Sie einmal nach: Warum haben bestimmte Ereignisse Sie so tief verwundet, während sie für den Rest Ihrer Familie völlig ohne Bedeutung waren? Nehmen Sie einmal an, Sie bräuchten die Weisheit, die jener Vorfall zu vermitteln hatte. Vielleicht enthielt dieser Schmerz eine gewaltige Lektion, die Sie versäumt hätten, wäre sie nicht so hart gewesen. Es kann sein, dass Sie mit einer schlimmen Behinderung geboren wurden, damit Sie die Unzerstörbarkeit Ihres Geistes unter Beweis stellen können. Vielleicht mussten Sie den vernichtenden Verlust Ihres Kindes überleben, um Tausende von anderen Kindern zu retten. Möglicherweise sollten Sie durch Drogen, Alkohol und Selbsthass ganz tief sinken, bevor Sie den Mut aufbringen und Verantwortung für Ihr Leben übernehmen konnten. All unsere Traumata und emotionalen Probleme sind dazu da, um uns bei der Entfaltung unseres höchsten Selbst zu unterstützen. Viele unserer wichtigsten Zutaten sind unter dem Schleier des Schmerzes verborgen. In diesem

Schmerz sind die lebenswichtigen Informationen und die Weisheit verschlüsselt, die wir benötigen, um unsere einmaligen Gaben zu sammeln. Es gibt niemanden, der das weitergeben kann, was Sie weiterzugeben vermögen. Es gibt niemanden, der Ihre einzigartige Sichtweise zu bieten hat. Doch solange Sie die Vollkommenheit all Ihrer Zutaten nicht erkennen, werden Sie ständig versuchen, Ihre Story zu ändern und »in Ordnung zu bringen«, anstatt sie für den göttlichen Zweck einzusetzen, für den sie vorgesehen ist.

Der Schmerz, sein Rezept zu hassen

Die meisten Menschen bringen den größten Teil ihres Lebens damit zu, die Zutaten ihres Rezepts zu kritisieren – das schlecht zu machen, was in uns ist. So sagen wir: »Es gibt nicht genug Zucker« oder »Wenn ich nur mehr Gewürze hätte ...«. Mit anderen Worten, einige Aspekte von uns lehnen wir ab, während wir andere akzeptieren.

Solange ich mich zurückerinnern kann, hieß es von meiner Freundin Shirley, sie habe ein großes Mundwerk. In der Schule pflegte sie in Schwierigkeiten zu geraten, weil sie zu viel redete, und in ihrem Freundeskreis fühlte sie sich als Außenseiterin, weil es nicht cool war, ständig seine Meinung zu äußern. Sogar ihre Familie schämte sich wegen ihrer Freimütigkeit und ermahnte sie bei mehr als einer Gelegenheit, sich zurückzuhalten. Shirley verbrachte die ersten 21 Jahre ihres Lebens damit, diese Zutat ihres Rezepts zu hassen, und versuchte immer wieder erfolglos, sie loszuwerden.

Als sie eines Tages am College ihren Lieblingskurs in Soziologie besuchte, meldete sie sich wie gewöhnlich mit Leidenschaft zu Wort. Nach dem Unterricht nahm ihr Professor sie zur Seite und fragte sie: »Sie reden so viel! Haben Sie je an eine Karriere beim Rundfunk gedacht?« Plötzlich leuchtete ein Licht in Shirleys Kopf auf, und sie erkannte das gewaltige Geschenk, das sie stets für einen Fluch gehalten hatte. Shirley schickte sich an, eine preisgekrönte Radioshow zu machen, und blickt heute auf eine lohnende Karriere als offenherzige und allgemein beliebte Gastgeberin einer Talkshow im Radio zurück.

Es ist keine leichte Aufgabe, die Vollkommenheit unserer Wunden und Mängel zu erkennen, aber es gibt keinen Zufall. Sie – und ich meine Sie alle – sind göttlich. Vielleicht bringen Sie in Ihrem gegenwärtigen Leben das Göttliche noch nicht zum Ausdruck, aber ich versichere Ihnen, dass Sie die Vollkommenheit Ihrer emotionalen Verletzungen erkennen werden, sobald Sie diese transformieren. Nehmen wir ein kräftiges Beispiel: Wenn Sie auf dem Land spazieren gehen und auf dem Weg vor Ihnen ein Haufen Pferdemist liegt, werden Sie wahrscheinlich die Nase rümpfen. Aber für einen Gärtner, der gern die größten und schönsten Rosen züchtet oder einer knackigen Paprika eine lebhafte Farbe geben möchte, würde derselbe Haufen Mist wie pures Gold aussehen. Was die meisten von uns Mist nennen, nennt der Gärtner reines Potenzial, weil das für ihn genau die Zutat ist, die er zum Düngen seines Gartens benötigt.

Wenn wir irgendeinen Teil unseres Rezepts hassen, müssen wir damit rechnen, schmerzhafte Erfahrungen in unser Leben zu holen, denn Gleich und Gleich gesellt sich gern. Unser unverarbeiteter Schmerz und Selbsthass werden Menschen anziehen und Ereignisse heraufbeschwören, die uns das zurückspiegeln, was wir von uns selbst empfinden. Sei es in Form von Unfällen, schlechten Beziehungen, finanziellen Problemen oder miesen Jobs, wir werden ständig Mittel und Wege finden, um uns selbst zu strafen, weil wir die tief sitzende Überzeugung haben, dass der, der wir sind, und das, was uns geschehen ist, nicht in Ordnung sind. Wenn wir die Göttlichkeit unseres Rezepts nicht erkennen, sind wir verdammt zu einem Leben voller Wut, Enttäuschung, Mangel und Sehnsucht. Unsere Traumata, Wunden, Enttäuschungen und Schmerzen kamen mit Geschenken zu uns, aber solange diese nicht integriert werden, bleiben sie als unverarbeitete Klumpen in unserem Teig. Wenn wir die Weisheit aus diesen Erfahrungen gewinnen, finden wir die einzigartigen Zutaten für unser Rezept. Wir verfügen über all die Qualitäten, die Talente, die Weisheit, die Vollkommenheit, die Unvollkommenheit und die nötigen Mittel, um die Gabe, die nur wir besitzen, hervorzubringen und weiterzugeben.

Metaphorisch gesprochen, geht es bei diesem Prozess um das Sammeln, Sieben, Mischen und Vereinigen der Zutaten, die wir bereits haben, um den besten Nachtisch zuzubereiten, den man sich vorstellen kann. Aus Sicht des Universums geht es darum, jeden Teil von uns zu integrieren, der dazu beigetragen hat, uns zu dem zu machen, was wir heute sind, sodass wir der Welt unsere einzigartige Schöpfung schenken können. Uns selbst auf der tiefsten Stufe anzunehmen und dem Universum unser einmaliges Rezept anzubieten, ist das größte Festmahl des menschlichen Geistes.

Unsere Dramen sind ein unzerstörbarer Teil dessen, der wir sind. Ganz gleich, was wir tun oder wie hart wir uns bemühen, wir können sie nicht loswerden. Wir haben allein die Wahl, ob wir sie benutzen wollen oder ob sie uns benutzen werden. Ich habe mich dafür entschieden, meine dramatische Lebensgeschichte zu benutzen, um Bücher zu schreiben, anderen zu helfen und damit meinen Lebensunterhalt zu verdienen. Vielleicht war dies der Gesamtplan für mich: 26 Jahre lang ohne Ende zu leiden und dann aus meiner Vergangenheit zu lernen, den Schmerz zu heilen und umzukehren, um anderen zu helfen, ihr Leiden zu transzendieren. Heute bin ich dankbar für meinen Schmerz, denn ich weiß, dass ich sonst niemals das lehren könnte, was ich lehre. Ich danke Gott für den Müll und das Trauma meiner Vergangenheit, denn sonst wäre die Hälfte der Seiten in meinen Büchern leer.

Betrachten Sie Ihr Rezept, betrachten Sie Ihre Story, und sehen Sie, was Sie nicht akzeptieren und segnen. Dies ist eine gute Möglichkeit, um damit anzufangen. Solange Sie nicht die Notwendigkeit erkennen, sich alles zu Eigen zu machen, was Sie sind, können Sie nicht die Edelsteine aus jeder Erfahrung Ihres Lebens gewinnen, und Ihre Story wird Sie weiterhin benutzen. Sie wird fortfahren, Ihnen Schläge auf den Kopf zu geben, und Sie so handeln lassen, als wären Sie klein. Aber in dem Moment, in dem Sie den Wert in den verhassten Teilen ebenso anerkennen wie in denjenigen, die Ihnen ein gutes Gefühl geben, in dem Augenblick, da Sie in jenem schmerzlichen Ereignis die perfekte Zutat für Ihr Rezept erkennen, werden Sie die Magie der Transformation erleben. Sie werden das segnen, was Sie früher als Fluch ansahen. Sie werden erleben, wie das Schreckliche heilig wird.

Sie können die nächsten vierzig Jahre versuchen, irgendwelche Zutaten aus Ihrem Teig herauszunehmen, oder Sie können ihn einfach rühren und zulassen, dass all Ihre Verletzungen, Ihre Siege, Ihre Kümmernisse und Ihre Freuden sich zur göttlichen Mischung namens »Ich« verbinden.

Schritte zur Heilung

1. Denken Sie über Ihr Leben nach und rufen Sie die Erfahrungen ins Gedächtnis, die Sie bis heute am meisten geprägt haben. Machen Sie eine Liste von bedeutsamen Siegen, Niederlagen, Freuden, Leiden und Enttäuschungen, die Ihr Leben ausgezeichnet haben.
2. Machen Sie eine Liste derjenigen Aspekte Ihrer selbst und Ihres Lebens, die für Sie nur schwer zu akzeptieren waren – diejenigen Teile Ihres Rezepts, die Sie loswerden wollten. Vielleicht haben Sie der Tatsache, nicht sportlich veranlagt zu sein, oder der Wahrnehmung, weniger attraktiv als andere zu sein, lange widerstrebt. Haben Sie sich wegen einer Behinderung, wegen eines Verlusts von Liebe oder Geld oder wegen eines Traumas, das viele Jahre zurückliegt, betrogen oder besiegt gefühlt? Machen Sie eine Liste aller Zutaten in Ihrem Rezept, die Sie für wertlos halten oder die Ihnen ein Dorn im Fleisch waren.

Kontemplation

Jeder Aspekt meiner selbst und meines Lebens schenkt mir eine wichtige Zutat, die es mir ermöglicht, meine göttliche Bestimmung zu erfüllen.

— 3 —
Die großartige und geheimnisvolle eigene Story erkunden

Jeder von uns hat eine Story, die einzig und allein ihm gehört. Wie ein Fingerabdruck unterscheidet und trennt sie uns von den anderen Menschen. In unsere Storys eingraviert ist die Ansammlung von allem und jedem, was unserem Leben seinen Stempel aufgeprägt hat. Jede Person, jedes Geschehen, jeder Umstand und jede Situation, die uns berührt haben, prägen sich tief in unsere Psyche ein. Ganz gleich, ob unser Leben von einem großartigen Elternteil, einer Kinderkrankheit, einem inspirierenden Lehrer oder einem nachlässigen Betreuer betroffen war, jede dieser Erfahrungen haftet uns an und wird zu einem integralen Bestandteil unserer Identität. Die Schlüsse, die wir aus diesen Ereignissen ziehen, ebenso wie der Sinn, den wir ihnen zuschreiben, werden in unsere Psyche eingefärbt, wo sie die Handlung unserer persönlichen Dramen bilden.

Ich möchte Ihnen gern vermitteln, dass Ihre Story nicht schlecht ist. In Wirklichkeit ist sie wahrscheinlich Ihr kostbarstes Gut. Aber Sie sollten wissen, dass Ihre Story Sie einschränken kann, auch wenn sie nicht schlecht ist. Sie kapselt Ihre Existenz ein und beschränkt Sie auf einen kleinen, unbedeutenden Teil Ihrer Menschlichkeit, statt Ihnen den Zugang zu Ihrem ganzen Selbst zu ermöglichen. Aber sobald Sie Ihre Geschichte anerkennen, mit ihr Frieden schließen und ihr die wichtigen Zutaten entlocken, können Sie aus der Kleinkariertheit Ihrer niedrigsten Gedanken heraustreten und zur Erfüllung Ihrer größten Träume weiterschreiten.

Die eigene Story erkennen

Unsere Storys enthalten die Kollektion von Gefühlen, Überzeugungen und Schlussfolgerungen, die wir unser ganzes Leben angesammelt und mit uns herumgeschleppt haben. Unsere Storys wiegen schwer, denn sie existieren im Innern unserer Egos, und unsere Egos sind fast immer ernst. Sie sind nur selten erfüllt von Licht, Liebe und der überschäumenden Freude eines spielenden Kindes. Meist konzentrieren sie sich auf das Negative. Das ganze Fundament für unsere Storys besteht in dem, was hätte sein können und was hätte sein sollen. Unsere Storys sind übersprüht mit Schmerz, Verlust und Reue und überfroren von Hoffnung, Verlangen und Wunschträumen. Unsere Dramen spielen in der Erinnerung an die Vergangenheit und in der Träumerei von der Zukunft. Jeder negative Gedanke über die Vergangenheit, der uns in den Sinn kommt, existiert innerhalb unserer Story ebenso wie all unsere Gefühle von Verlust und Hoffnungslosigkeit. Unsere Vorstellungen vom »Tag, an dem das geschieht« oder »Wenn ich endlich mein Ziel erreiche« leben im Innern unserer Storys. Nur selten melden sich unsere Dramen im gegenwärtigen Moment, wo wir uns einfach an das halten, was ist. Wie Schatten folgen sie uns überallhin und verbergen die Wahrheit dessen, der wir sind. Sie sind nie weit entfernt, aber sie können nur erkannt werden, wenn wir sie im hellen Tageslicht untersuchen.

Vor kurzem leitete ich ein Wochenendseminar im Rahmen eines siebenmonatigen »Integrative Coaching Program«. Am zweiten Abend des Workshops beschlossen wir, eine Pyjamaparty zu machen. Sechzig Leute hüllten sich also in ihre Lieblingsschlafanzüge und bereiteten sich auf einen amüsanten Abend mit »Storyzeit« vor. Ich trug meinen chinesischen Lieblingspyjama, während andere in Flanellwäsche, Nachthemden und Morgenröcke gekleidet waren. Einige der Männer präsentierten sich mit übergroßen T-Shirts und Boxershorts mit niedlichen kleinen Mustern. Da es an jenem Abend darum ging, unsere individuellen persönlichen Dramen zu erkennen und zu schildern, wollte ich für eine leichte und erhebende Atmosphäre sorgen, um den Ernst auszugleichen, den die meisten von uns ihren Storys beimessen. Wir nehmen unsere Storys so ernst, erklärte ich, weil wir sie für die Wahrheit halten.

Der Zweck unserer Pyjamaparty war es, sowohl unsere Storys als auch die Schattenkonzepte, die unsere Dramen fixierten, zu erkunden und offen zu legen. Ich forderte alle Teilnehmer auf, die Augen zu schließen und zu versuchen, sich an eine Zeit aus ihrer frühen Kindheit vor dem Alter von fünf oder sechs zu erinnern, als sie sich verloren, allein, traurig oder verängstigt gefühlt hatten – eine Zeit, in der etwas geschah, was ihre Realität erschütterte. Ich bat sie, sich zu merken, was immer ihnen in den Sinn kam, und erklärte ihnen, dass dieser Vorfall, auch wenn seine Bedeutung vielleicht unverständlich wäre, einen Schlüssel zum Thema ihres persönlichen Dramas in sich berge.

Ich berichtete der Gruppe, was in meinem Inneren aufgetaucht war, als ich diesen Prozess zum ersten Mal ausprobierte. Der Vorfall, der mir damals in den Sinn kam, war eine Szene vor dem Haus, in dem ich als Dreijährige wohnte. Ich konnte sehen, wie viele Leute herumrannten, hinters Gebüsch schauten und miteinander tuschelten. Ich stand an der Seite des Hauses, in eine Ecke an der Wand gekuschelt. Jemand hatte gerade einen Laden in der Nachbarschaft ausgeraubt, und die Polizei ging davon aus, dass der Mann über unser Grundstück geflohen war. Meine ganze Familie und viele Nachbarn suchten aufgeregt nach Spuren, um den Räuber fangen zu können, während ich ängstlich und isoliert von der Menge an meiner Ecke stand. Niemand schien mich zu bemerken. Ich hatte das Gefühl, in einer Welt gefangen zu sein, in der ich keine Rolle spielte. Alles, was ich durch meine jungen dreijährigen Augen sehen konnte, war eine Schar von Erwachsenen, die sich nicht darum kümmerten, wo ich war und was ich machte.

An jenem Tag hatte ich unbewusst eine kritische Entscheidung gefällt, die für immer die Art und Weise verändern würde, wie ich mich und andere sehe. Und wie es eben unserer menschlichen Natur entspricht, musste ich eine Erklärung dafür finden, warum niemand mich beachtete. Ich kam zu dem Schluss, es müsste wohl deshalb sein, weil ich nicht wichtig genug wäre, um ihre Beachtung zu verdienen – denn schließlich hätten mich meine Familie und Verwandten bemerkt, wenn ich wichtig wäre, und zur Kenntnis genommen, dass ich mich einsam und unbeachtet fühlte. Natürlich hätte ich mir eine andere Erklärung aussuchen können, aber sobald ich mich innerhalb meiner Story befand, hatte ich mir diejenige auszusuchen, die mich am meisten schwächte. Es zeigte sich – und das ist nicht überraschend –, dass der Satz »Niemand kümmert sich um mich« eines meiner zentralen Schattenkonzepte und das Kernthema meiner persönlichen Saga ist. Da stand ich nun über dreißig Jahre später und erinnerte mich noch daran, wie ich mich völlig ausgeschlossen und ganz allein gefühlt hatte.

Als ich diese Story erzählte, wurde der Gruppe klar, worum es an diesem Abend ging. Jeder machte sich nun daran, sein

Lebensdrama offen zu legen, die Story, die bestimmt, wer er ist, und die ihn im Innern der Kapsel seiner individuellen Realität eingeschlossen hält. Wir bildeten kleinere Gruppen, rückten in engen, kleinen Kreisen zusammen und fingen an.

Peter, ein freundlicher Mann in den Dreißigern, meldete sich als Erster in unserer Gruppe. Er saß da und schaute uns ausdruckslos an. Ich forderte ihn auf, seine Augen zu schließen und sich einen Vorfall aus seiner Vergangenheit ins Gedächtnis zu rufen. Nach ein paar Augenblicken begann Peter einen Vorfall aus der Zeit zu beschreiben, als er sechs Jahre alt war. Während er mit seinem besten Freund John spielte, war seine Mutter in sein Zimmer gestürmt und hatte begonnen, die Jungen mit zorniger Stimme zu schelten, weil sie ihre Fahrräder an der vorderen Veranda hatten stehen lassen. Als Peter ihr nicht antwortete, war sie in Wut geraten und hatte angefangen, ihn anzuschreien, zu schlagen und zu beschimpfen, dass er nichts tauge und sie sich wünsche, dass sie ihn nie geboren hätte. Peter war traumatisiert. Er saß da, völlig nass von seinen eigenen Tränen. An jenem Tag kam Peter zu dem Schluss, die Worte und das Verhalten seiner Mutter bedeuteten, dass er ein schlechter Junge wäre und es nicht verdienen würde zu leben.

Die bei jenem Vorfall erlittene Demütigung spiegelte sich 29 Jahre später noch auf seinem Gesicht. Die Tiefe von Peters Emotionen und die Klarheit, mit der er sich daran erinnerte, zeigten offensichtlich, dass er an eines seiner Schattenkonzepte gerührt hatte: »Ich tauge nichts.« Zusammen mit unserer Gruppe begann Peter, nach den Wegen zu suchen, wie sich dieses Thema in die anderen Ereignisse seines Lebens verwoben hatte. In sehr kurzer Zeit schilderte er zahlreiche andere Vorfälle mit seiner herrischen, ausfallenden Mutter und erklärte, auf welche Weise sie seine Überzeugung bestärkt hatten, dass er tatsächlich »nichts taugte«. Er erzählte, auf welche Weise er von ihr dominiert wurde, wie er sich zu ohnmächtig fühlte, um sich gegen sie zu wehren und »ein richtiger Mann« zu sein – und wie das dazu führte, dass er niemals gelernt hatte, sich gegen die Frauen in seinem Leben zu behaupten.

Peter hatte ständig mit Frauen zu tun, die ihn daran erinnerten, dass er nicht gut genug wäre, um mit ihnen zusammen zu sein. In peinlicher Weise schilderte er all die Methoden, wie Frauen ihn ausgenutzt hatten und wie ohnmächtig er sich immer in Gegenwart einer geliebten Frau fühlte. Peter teilte uns mit, wie er zu beweisen versuchte, dass er doch etwas taugte, indem er sich in seinen persönlichen Beziehungen die größte Mühe gab, und wie er danach strebte, nützlich und hilfreich zu sein. Aber, so fügte er hinzu, er schien stets zu scheitern. Seine Story bestätigt ihm ständig, dass seine Mutter Recht hatte und er in der Tat »nichts taugte«.

Elizabeth, ein schüchternes Mädchen und eine der Jüngsten in unserer Gruppe, wartete still, bis sie an die Reihe kam, und redete erst, als ich sie beruhigt und ihr Mut gemacht hatte. Mit sanfter Stimme berichtete sie uns, dass sie das einzige Kind eines hochgebildeten Akademikerpaars war und ihre Eltern stets hohe Erwartungen an sie hatten. Zur großen Enttäuschung ihrer Eltern war Elizabeth nie gut in der Schule. Selbst die besten Tutoren konnten Elizabeth nicht helfen, ihre Noten auf ein durchschnittliches Niveau zu heben, und mit siebzehn bekam sie die niederschmetternde Nachricht, dass sie nicht von dem College aufgenommen worden war, das ihre Eltern für sie ausgesucht hatten.

Elizabeth gab diesem Vorfall die Bedeutung: »Mit mir

Die großartige und geheimnisvolle eigene Story erkunden

stimmt etwas nicht«, und dieses Schattenkonzept wurde zum Thema ihrer Lebensgeschichte. Sie fühlte sich als Versagerin und fand sich mit der Tatsache ab, dass ihr Leben niemals einen Wert hätte. Da sie bereits beschlossen hatte, dass sie nicht intelligent genug war, um die Zustimmung ihrer Eltern zu gewinnen, verzichtete sie auf den Besuch des Colleges und richtete ihr ganzes Augenmerk darauf, zu heiraten und eine Familie zu gründen. Aber nachdem sie drei Jahre lang versucht hatte, schwanger zu werden, teilten ihr die Ärzte mit, dass sie kein Kind empfangen könne. Abermals wurde Elizabeth von dem Gefühl überwältigt, dass »mit ihr etwas nicht stimmte« und dass sie für ihren Mann und sich selbst eine Enttäuschung wäre.

Die Storys nahmen kein Ende. Je mehr wir zu hören bekamen, desto klarer wurde uns, dass jeder von uns nach den Schattenkonzepten lebte, die zum Thema seiner Story geworden waren. Wir verbrachten unsere Zeit damit, Ereignisse und Situationen zu schaffen, die es uns ermöglichten, die Themen unserer Dramen zu mimen. Dabei kam es nicht darauf an, mit wie viel Leid die Geschichten verbunden waren oder welchen Sinn wir den Ereignissen unseres Lebens gaben. Doch eines war allen gemeinsam: Jede Story war dramatisch, repetitiv und höchst persönlich. Trotz leichter Unterschiede waren die Hauptthemen allesamt: »Mit mir stimmt etwas nicht. Ich bin nicht gut genug. Mein Leben hat keinen Wert.« Und das allgemeine Lied klang: »Ich Armer, ich Armer, ich Armer...«

Im Verlauf des Abends begannen wir, die Schattenkonzepte herauszulösen, die all unsere persönlichen Storys infiltriert hatten. Bis zu jenem Zeitpunkt hatten die meisten Leute, die hier zusammensaßen, sie eher für die Wahrheit gehalten als für das, was sie wirklich waren: Schattenkonzepte, die zur Haupthandlung ihres Dramas geworden waren. Obwohl jeder von uns zahlreiche Schattenkonzepte hat, so erklärte ich, wird eines davon das zentrale Thema in unseren persönlichen Dramen übernehmen: wie zum Beispiel Peters Thema »Ich tauge nichts« oder das von Elizabeth, »Mit mir stimmt etwas nicht«. Während der letzten zehn Jahre habe ich Tausende von Leuten durch den »Shadow Process« geführt, einen dreitägigen Workshop zur persönlichen Transformation. Und dabei habe ich entdeckt, dass es drei zentrale Schattenkonzepte gibt, die praktisch allen menschlichen Wesen gemeinsam sind:

- Ich bin nicht gut genug.
- Ich spiele keine Rolle.
- Mit mir stimmt etwas nicht.

Außerdem habe ich entdeckt, dass diese Themen unzählige Variationen haben. Wenn Sie die folgende Liste von Schattenkonzepten lesen, sollten Sie versuchen, das Kernkonzept zu identifizieren, das zum Thema Ihrer Story geworden ist:

- Niemand liebt mich.
- Ich gehöre nicht dazu.
- Mit mir stimmt etwas nicht.
- Ich bin zu dumm.
- Ich bin unfähig.
- Ich bin unerwünscht.
- Ich bin nicht ausreichend.
- Ich bin ein Fußabtreter.
- Ich bin nichts Besonderes.
- Ich bin unwürdig.
- Ich bin unwert.
- Auf mich kommt es nicht an.

- Ich bin unwichtig.
- Ich bin ungeeignet.
- Ich bin unzureichend.
- Ich bin unbedeutend.
- Ich bin nutzlos.
- Mein Leben hat keinen Wert.
- Ich bin ein Niemand.
- Ich bin defekt.
- Ich bin verdorben.
- Ich bin ein Fehler.
- Ich bin schlecht.
- Ich bin nicht in Ordnung.
- Ich bin unvollkommen.
- Ich bin mangelhaft.
- Ich bin nicht liebenswert.
- Ich bin ein Versager.
- Niemand kümmert sich um mich.
- Ich kann niemandem trauen.

Wenn unsere Schattenkonzepte ausgelöst werden, verstärken sie unsere Storys, indem sie uns beweisen, wie »zutreffend« und »wahr« unsere Dramen doch wirklich sind. Jeder unserer Gedanken löst in unserem Körper eine emotionale Reaktion aus, und wenn wir im Innern unserer Storys leben, haben wir Zugang zu einem sehr beschränkten Bereich von Emotionen. Hier folgen einige der Gefühle, die innerhalb unserer Storys existieren: Resignation, Mangel, Entzug, Groll, Unterdrückung, Einsamkeit, Zorn, Vorwurf, Scham, Verzweiflung, Hoffnungslosigkeit, Trauer, Furcht, Schuld, Eifersucht, Neid, Reue, Selbstmitleid und Selbsthass. Jeder, der uns an jenem Abend seine Story erzählte, konnte erkennen, wie diese Emotionen seine steten Begleiter gewesen waren.

In der Geborgenheit unserer Pyjamaparty war leicht zu erkennen, wie klein wir uns selbst gemacht hatten. Obwohl in all unseren Storys auch etwas Gutes zu finden war, gab es in unserer Gruppe von sechzig Teilnehmern nur wenig Geschichten, die uns laut zuriefen: »Schaut her, schaut her, wie toll ich bin!« Oder: »Schaut mal, als was für ein ungewöhnliches menschliches Wesen ich mich erwiesen habe!« Es gab nur wenige Storys, die von Liebe, Mitgefühl oder Zufriedenheit geleitet wurden. Auch wenn viele in unserer Gruppe Erstaunliches geleistet hatten und auf ihrem Gebiet hoch geachtet waren, handelten unsere Storys nicht von Größe und Großartigkeit, sondern eher von der Angst eines Kindes, das einer Lüge aufgesessen ist, einer Lüge darüber, wer sie waren und wozu sie fähig gewesen sind. Was sich in jener Nacht offenbarte, war all unser Verlust und unsere Verzweiflung, alles, was in unserem Leben fehlte. Die übereinstimmende Aussage, die jeder von uns machte, lautete »Wenn nur...«: »Wenn wir nur andere Eltern, Liebhaber, Freunde, Körper, Gehirne oder Glück gehabt hätten – wenn wir nur eine bessere Ausbildung oder mehr Unterstützung durch unsere Familie gehabt hätten –, dann wären wir die Menschen, die wir allzu gern sein möchten.« Alle von uns konnten sehen, wie wir in irgendeinem Bereich unseres Lebens unsere Größe und Kraft aufgegeben hatten, um im Innern unserer Storys eingesperrt zu bleiben.

Jeder Teilnehmer konnte bestimmte Bereiche seines Lebens erkennen, in denen sich unsere Dramen abgespielt hatten. Manche der Storys drehten sich um unsere Karrieren; andere inszenierten ihre Dramen auf der Bühne ihrer Beziehungen, Familien oder Finanzen. Einige von unseren Dramen zeigten sich in unseren emotionalen Zuständen oder unseren physischen Körpern. Manchmal überlappten sich zwei oder drei Bereiche unseres Lebens. Aber in jener glorreichen Nacht gelangten wir zu der entscheidenden Einsicht, dass wir alle zu einem bestimmten Zeitpunkt in unserem Leben aus der Welt grenzenloser Möglichkeiten heraus- und in die Welt unserer eigenen begrenzten Realität eingetreten sind. Das war der Punkt, an dem unsere Probleme begannen und unsere Einschränkungen entstanden.

Viele aus der Gruppe konnten die Story, die sie in ihrer Kindheit geschaffen hatten, identifizieren, hatten aber Schwierigkeiten, die Auswirkung jener Geschichte auf ihr heutiges Leben zu erkennen. Ein paar Teilnehmer meinten, in ihrem Leben gebe es überhaupt kein Drama: Ihre Story bestehe darin, keine Story oder kein Drama zu haben. Donna, eine klinische Psychologin, betonte, sie habe ein tolles Leben. Sie hatte zwei Kinder und eine gut gehende Praxis und fragte sich verwundert, was diese ganze Vorstellung von der Story mit ihr zu tun habe. Ich bat sie, mir ein bisschen über ihr Leben zu erzählen. Sie sagte: »Ich hatte großartige Eltern, ich hatte eine gute Kindheit, und alles ist in Ordnung. Ich bin tatsächlich stets der Fels unserer Familie gewesen, die Person, an die sich jeder im Notfall wendet. Ich war immer die Stimme der Vernunft.« In jenem Moment begegneten sich unsere Blicke, und Donna hörte sich selbst sprechen. Dies waren mehr oder weniger dieselben Worte, die sie vorher schon Tausende von Malen wiederholt hatte, um ihr Leben zu beschreiben. Sie kamen ihr automatisch über die Lippen. Verblüfft stellte Donna fest, dass sie gerade unbeabsichtigt das Thema ihrer Story aufgedeckt hatte: dass nämlich »alles in Ordnung ist«. Unabhängig davon, was gerade in ihrem Leben geschah, konnte sie stets ein Lächeln aufsetzen, selbst wieder auf die Beine kommen und sich überzeugen, dass alles perfekt war.

Es ist wichtig festzustellen, dass nicht alle Storys traurig, traumatisch oder schmerzvoll sind. Es gibt einige mit Themen wie »Alles ist toll« oder »Ganz prima, danke«. Aber selbst bei solchen »glücklichen« Geschichten geht einmal der Brennstoff aus, und sie bringen starke Einschränkungen mit sich. Innerhalb der Story »Alles ist in Ordnung« zu leben, hinderte Donna daran, irgendwelche Risiken einzugehen, die zu der Erkenntnis führen könnten, dass das Leben nicht immer perfekt und glücklich ist. Ihre Story hielt sie in einer sicheren, aber begrenzten Realität gefangen. Obwohl sie in der Illusion des Glücks lebte, verzichtete sie darauf, mutig, abenteuerlustig und provozierend zu sein, und das hielt sie davon ab, jemals ihren tiefsten Wünschen nachzugehen.

Das Lied seiner Story hören

»Wie merken wir, dass wir uns in unserer Story befinden?«, »Wie können wir sie hören?« – dies waren die Fragen, auf die jeder eine Antwort haben wollte. Eine sichere Methode, um festzustellen, ob wir im Innern unserer Storys leben, besteht darin, die Qualität unserer Gedanken und des inneren Dialogs zu untersuchen, den wir täglich führen. Viele Menschen verbringen den Großteil ihres Lebens im Geiste an allen möglichen Orten, nur nicht dort, wo sie sich im gegenwärtigen Moment gerade befinden. Wenn sie bei der Arbeit sind, denken sie ans Zuhause. Endlich daheim, befassen sie sich mit einer Urlaubsreise. Gehen sie mit ihren Kindern im Park spazieren, denken sie an ihre Lieblingsfernsehshow. So weiß ich zum Beispiel von mir selbst, dass auch ich die ersten dreißig Jahre meines Lebens anderswo verbrachte als dort, wo ich eigentlich war. Ich lebte in den Phantasien meines Geistes, indem ich davon träumte, was mich glücklicher machen könnte, und immer versuchte, den ganz und gar nicht glücklichen Aspekten meines Lebens ein glücklicheres Ende zu geben. Mindestens zwanzig Jahre lang phantasierte ich von dem Mann meiner Träume und davon, dass ich endlich Utopia erreichen würde, wenn ich ihm begegnete.

Auf die Zukunft fixiert zu sein, ist ein sicheres Anzeichen dafür, dass wir tief in unseren Storys stecken. Wenn ich nicht von kommenden Zeiten träumte, verbrachte ich meine Tage damit, an die Vergangenheit zu denken: an alles, was schief gegangen war; an alles, was anders hätte laufen sollen. Ich konnte eine Woche damit zubringen, einen Streit im Lebensmittelladen zu rekapitulieren, den ich mit irgendjemandem wegen der Reihenfolge beim Anstehen gehabt hatte. Wenn Sie innerhalb Ihrer Story verstrickt sind, kann die Qualität Ihrer Gedanken von ängstlich und morbide (wie zum Beispiel, dass Sie sich über außergewöhnliche Unfälle oder unwahrscheinliche Tragödien Sorgen machen) bis zu trivial und absurd reichen (etwa die Aufregung über einen Knopf an Ihrer Jacke oder den Hund des Nachbarn, der auf Ihren Rasen pinkelt).

Wenn wir uns innerhalb unserer Story befinden, denken wir einen Gedanken niemals nur einmal. Wir sagen uns nicht: »Ich hätte gern eine tolle Beziehung«, und belassen es dabei, sondern uns geht etwa Folgendes durch den Kopf: »O wenn er nur bald käme. Hoffentlich hat er keine Exfrau. Ich hoffe, er ist nett und liebevoll und wird mir einen Ring schenken. Hoffentlich benimmt er sich auch, wenn andere dabei sind...« Vielleicht träumen wir davon, am Strand auf Hawaii zu liegen, besser auszusehen als vor zehn Jahren und leidenschaftlichen, erfüllenden Sex zu haben. Dann denken wir: »Hoffentlich verletzt er mich nicht. Wenn er doch nur nicht so ist wie der verlogene Dummkopf, mit dem ich wieder Schluss gemacht habe.« Und dann erscheint vor unserem inneren Auge erneut der letzte Widerling, mit dem wir eine Affäre hatten, und schon schweifen wir ab und sinnieren, welches Unrecht er uns angetan hat und wie viel besser es uns doch ginge, wenn wir nie etwas mit dem Kerl zu tun gehabt hätten. Im Innern unserer Storys wiederholen wir stets aufs Neue dieselben Gedanken – Zukunft, Vergangenheit, Zukunft, Vergangenheit, Zukunft, Vergangenheit, Vergangenheit, Vergangenheit... Und so geht es ewig weiter. Unablässig. Innerhalb der Enge unserer individuellen Storys zu leben, ist oft so schmerzlich, dass unser Geist das nur aushalten kann, wenn er mit offenen Augen träumt oder in der Vergangenheit verweilt.

Unsere Schattenbox

Dieser ganze innere Dialog läuft in einem vorgestellten Bereich ab, den ich als »Schattenbox« bezeichne, in einem »Kasten«, der den fortlaufenden, nie enden wollenden inneren Dialog enthält, welcher in unseren Köpfen unablässig plappert und lärmt. Stellen Sie sich das am lautesten dröhnende Kofferradio vor, das jemals Ihren friedlichen Aufenthalt am Strand gestört hat. Nun stecken Sie dieses Ding in Ihren Kopf. Das mag Ihnen eine Vorstellung von dem störenden Lärm Ihrer Schattenbox geben. Sie ist angefüllt mit jedem Gedanken, den Sie je unterdrückt haben – all Ihre Urteile, all Ihre Rechthaberei, all Ihre unverarbeiteten emotionalen Verletzungen und all Ihre Schattenkonzepte. Ihr negativer innerer Dialog ist wie eine psychische Verdauungsstörung. Wenn Sie all die unbewussten Gedanken und Gefühle in Ihrer Psyche nicht verarbeiten, also »verdauen«, müssen Sie mit dem Lärm und dem Unbehagen Ihrer Schattenbox weiterleben. Halten Sie einen Augenblick lang inne und hören Sie auf die Gedanken in Ihrem Kopf. Nun lassen Sie Ihre Aufmerksamkeit zu einem Projekt schweifen, mit dem Sie nicht so recht vorankommen, oder zu einer Beziehung, die nichts bringt. Hören Sie wieder hin. Dann wird Ihnen mit einem Mal klar, was ich mit dem Begriff »Schattenbox« meine.

Unsere Schattenbox lebt innerhalb unserer Story und begleitet uns überallhin. Ständig flüstert sie uns all unsere Fehler, all unsere Enttäuschungen und all unsere Mängel zu. Sie lässt uns wissen, was wir wirklich über uns selbst denken, während wir uns im Innern unseres Dramas befinden. Wenn sich unsere Intuition verzweifelt um unsere Aufmerksamkeit bemüht, wenden wir uns meistens von ihr ab, um unserer Schattenbox die Treue zu halten, jener vertrauten Stimme, die uns so gern an unsere Niederlagen, unsere Unzulänglichkeiten und unsere selbst auferlegten Grenzen erinnert.

Vor ein paar Jahren hielt ich einmal einen Vortrag im Tanzsaal eines großen Hotels, es waren hundert Gäste da. Als wir begannen, saßen alle gemütlich im ganzen Saal verteilt. Dann gab es plötzlich Feueralarm. Eine laute Stimme meldete sich aus dem Lautsprecher, und immer wieder lief ein Band mit der folgenden Botschaft ab: »Hier ist der Branddirektor. Wir haben Feueralarm ausgelöst. Bitte gehen Sie zum nächsten Ausgang. Sie müssen das Gebäude sofort verlassen. Dieses Band wird nicht ausgeschaltet, solange Sie das Gebäude nicht verlassen haben.« Da dies an jenem Tag bereits der dritte Fehlalarm war, zeigte sich niemand im Raum übermäßig besorgt. Der Tanzsaal lag im Erdgeschoss, und so waren wir ganz sicher, rechtzeitig fliehen zu können, wenn es denn tatsächlich brennen sollte.

Da uns zu jenem Zeitpunkt nur noch eine Dreiviertelstunde blieb, beschlossen wir, uns auf einer Seite des Saals eng zusammenzusetzen, damit wir uns verstanden und ich meinen Vortrag beenden konnte. Weil sich die Ansage vom Band unablässig wiederholte, musste ich lauter sprechen, um gehört zu werden. Obwohl alle mehr an dem interessiert waren, was ich zu sagen hatte, ließ sich nicht verhindern, dass wir abgelenkt wurden. Da kam mir der Gedanke, dass dieses Band ein großartiges Beispiel für unsere quälenden inneren Dialoge war. Ich fragte die Gruppe: »Wie viele von Ihnen möchten für den Rest ihrer Tage gern einem solchen Tonband zuhören? Wie viele von Ihnen möchten sich gern einen kleinen Kasten kaufen, der eine derartige Aufnahme immer wieder abspielt, und sie bei der Arbeit, einer Verabredung oder während eines Films im Kino hören? Würde jemand von Ihnen absichtlich einen solchen Kasten kaufen, ihn überall mit sich herumtragen und um keinen Preis aus der Hand geben?« Natürlich sagten sie alle Nein.

Ich blieb ein paar Minuten still, sodass mein Publikum wieder dem Band zuhören konnte. Dann schaute ich allen tief in die Augen und fragte: »Wie viele von Ihnen verbringen jeden Tag mehr als eine Stunde damit, dem Geschwätz zuzuhören, das unaufhörlich im Innern unserer Köpfe abläuft?« Alle blieben still sitzen, denn sie verstanden, was ich damit meinte. Jeder konnte erkennen, dass er einen Großteil seiner kostbaren Energie verschwendete, indem er dem sich wiederholenden Band zuhörte, das unablässig in seinem Kopf Sätze abspielte wie: »Das war nicht besonders gut. Das war nicht sehr intelligent. Du solltest so etwas nicht sagen. Warum schalten sie dieses Band jetzt nicht einfach ab?« Oder es plappert vielleicht weiter mit etwa folgenden Worten: »Ich habe nicht so viel Geld für den Vortrag bezahlt, um den ganzen Tag diesen Feueralarm zu hören. Ich wünschte, sie würde direkt zur Sache kommen.« Oder vielleicht wachen Sie neben Ihrem Gatten auf und hören in Ihrem Geist die Worte: »Warum putzt er seine Zähne vor dem Frühstück nicht? Wenn er doch nur ein

Die großartige und geheimnisvolle eigene Story erkunden

bisschen mehr verdiente, damit ich mich nicht so abplacken müsste.« Möglicherweise spuckt Ihre Schattenbox auch Sätze dieser Machart aus: »Keiner beachtet, was ich denke. Ich bin so allein, niemand will mein Freund sein.« Oder vielleicht haben Sie gestern die Arbeit nicht rechtzeitig fertig bekommen, und Ihre Schattenbox erinnert Sie aufmerksam daran: »Guck mal, was du diesmal gemacht hast. Du hast die Sache vermasselt, du bist genau so wie dein Vater.« Am beunruhigendsten ist dabei jedoch, dass Sie immer noch zuhören, ganz gleich, wie oft Sie das vorher schon vernommen haben. Immer wieder tun Sie sich das an und nehmen jene Stimme doch tatsächlich ernst.

Wie viele von Ihnen haben jenem Kasten in ihrem Kopf Tausende von Stunden gebannt gelauscht? Vielleicht haben Sie sogar darauf verzichtet, zu einer Party zu gehen oder sich irgendwie zu amüsieren, damit Sie zu Hause bleiben konnten, um sich jenem Geplappere auszusetzen. Manche haben sich selbst daran gehindert, eine bessere Stelle zu suchen oder zurück zur Hochschule zu gehen, weil sie ihr Handeln an dem »Feedback« ihrer reizenden kleinen Schattenbox ausrichten. Jemand schlug mir einmal vor, ich solle eine Schattenbox erfinden: Für 14,95 Euro würde ich dann Ihren inneren Dialog programmieren, sodass Sie sich ihn jeden Tag anhören könnten. Sie würden die Box bei sich tragen, wo immer Sie hingehen. Oder sie könnte als sprechender Wecker dienen, den Sie am Morgen einschalten: »Guten Morgen. Mein Gott, du siehst heute schrecklich aus.« Auf diese Weise brauchen Sie es nicht einmal mehr selbst zu sagen. Ihre Schattenbox wird Ihnen mitteilen: »Heute wird nichts passieren, was sich lohnt. Du hast nicht, was es dazu braucht. Es wird nie besser werden als jetzt. Du könntest heute genauso gut im Bett bleiben, weil doch eh niemand von dir Notiz nimmt.« Es wäre vielleicht an der Zeit für eine Gehaltserhöhung, aber Ihre Schattenbox kreischt: »Das wird dir nie passieren! Es ist nicht gerecht. Sie schätzen dich nicht wirklich. Das Leben ist hart. Was weißt du denn schon? Du bist ein Verlierer. Du wirst es nie schaffen.« Oder: »Ich Arme, warum kann ich keinen Urlaub bekommen? Vielleicht gewinne ich diese Woche im Lotto. Dann bin ich glücklich.« Oder wenn Sie erfolgreich sind und alles prima läuft, wird sich Ihr liebenswerter kleiner Kamerad einschalten: »Wenn du zu groß wirst, werden die Leute dich nicht mehr mögen. Du kannst nicht alles haben.«

Ich war froh und glücklich, dass wir diese Erfahrung mit dem Feueralarm machen konnten, weil die meisten Menschen nicht begreifen, dass ihr innerer Dialog wie ein defektes Bandgerät ist, das unbewusst und unzensiert immer wieder läuft. Die meisten von uns wollen jene Stimme jeden Tag vernehmen. Sie hören so eifrig zu, dass sie nicht einmal mitbekommen, was die Menschen in unserer Umgebung sagen. Die Schattenbox spricht mit Entschiedenheit, und wenn Sie sie zu ignorieren beginnen, wird sie Ihnen vorhalten: »Nein, hör bitte zu. Es ist wichtig. Niemand liebt dich. Nein, wirklich, sie mögen dich nicht.« Oder: »Du wirst es nie zu etwas bringen. Du bist einfach ein Verlierer.« Auf diese Weise saugt unsere Schattenbox uns aus. Jedes Mal, wenn wir uns auf sie einlassen, verstricken wir uns in unsere Story.

Um die repetitive Natur Ihrer Schattenbox zu erfassen, könnten Sie versuchen, Ihren inneren Dialog einmal aufzuzeichnen. Dann würden Sie rückblickend sagen: »Oh, diese Konversation habe ich vorher schon gehört! Sieh an, am 4. Juli 2003 habe ich sie gehört und am 14. April 1999, 1984, 1981... Dieses Jahr habe ich sie 42-mal gehört, im letzten Jahr 64-mal...« Wie viele Stunden am Tag verbringen Sie Ihrer Meinung nach mit jener Schattenbox, hören ihr zu, analysieren sie und handeln nach ihren Weisungen? Es ist wie in einem Labyrinth. Man glaubt, da lägen tatsächlich ein paar Kekse am Ende jenes Gangs. Sie denken, Sie bekämen irgendeine Belohnung, wenn Sie nur lange genug zuhören. Doch das ist die große Täuschung. Da liegen keine Leckereien am vermeintlichen Ziel, und Sie werden nicht belohnt, auch wenn Sie noch so lange lauschen. Dennoch: Ihre Schattenbox funktioniert tatsächlich als eine Alarmanlage, und zwar in dem Sinne, als ob sie etwa folgende Sätze spräche: »Dies ist eine Aufnahme. Du lebst im Innern einer Story namens ›Ich‹. Wenn du diesen Alarm abschalten willst, musst du einen gewaltigen Schritt aus deiner Story heraus machen. Sobald du draußen bist, wird sich dieses Band automatisch abschalten. Danke fürs Zuhören – und einen schönen Tag!«

Lange nachdem der Feueralarm des Hotels abgeschaltet worden war, saßen wir noch zusammen und lachten über unsere Schattenbox, die wir nun aus der lichtabgewandten Seite unseres Bewusstseins herausgeholt und vor den Augen der ganzen Gruppe wie eine riesige Kollektion innerer Dialoge ausgebreitet hatten. Jeder konnte erkennen, wie eifrig er seine Schattenbox bisher schützte, so als ob es eine Art von großem Verrat wäre, sein negatives Geschwätz zu enthüllen. Die meisten konnten sehen, dass sie ihren inneren Dialog für etwas Einmaliges und Besonderes hielten. Keiner wagte, zuzugeben, wie ähnlich die Botschaft seiner Schattenbox doch derjenigen der anderen in der Gruppe war. Die meisten von uns hatten einen großen Teil ihres Lebens mit dem Versuch verbracht, ihre Schattenbox zum Schweigen zu bringen, und alle waren sie dabei gescheitert, soweit sich das sagen ließ. Wir hatten versucht, sie zu befrieden, mit ihr zu verhandeln und sie zu manipulieren. Manche hatten vergeblich probiert, sie zu unterdrücken oder zu betäuben – um ihr mit allen Mitteln das

Maul zu stopfen, damit wir endlich frei wären, unser Leben zu genießen, damit wir endlich aus den niemals enden wollenden, vorhersagbaren Geschichten von uns selbst heraustreten könnten.

Es ist durchaus möglich, dass Sie jahrelang danach strebten, Ihre Story zu ändern, zu überarbeiten, zu verbessern, zu regeln und zu reparieren, ohne zu wissen, dass Sie eine andere Wahl haben. Mein Ziel ist es, Ihnen eine andere Option zu bieten, eine Wahl, die auf der Einsicht beruht, dass Sie nicht Ihre Story »sind«. Obwohl Sie viele Geschichten, viele Schattenkonzepte und eine allzu geschwätzige Schattenbox haben, möchte ich Ihnen vermitteln, dass all diese Phänomene großartige Geschenke in sich tragen – Geschenke, die Sie aus Ihren Dramen herausbefördern und zum größten Ausdruck Ihrer selbst führen sollen. Alle sind für Sie da, um davon zu lernen und sie dazu zu benutzen, Ihren einzigartigen Beitrag zum Wohl der Welt zu leisten. Ich verspreche Ihnen, dass das Leben, das Sie so erstreben, weit jenseits des Bekannten und weit jenseits der Begrenzungen Ihrer Story liegt.

Schritte zur Heilung

1. Schreiben Sie die Story Ihres Lebens mit all ihren dramatischen Einzelheiten. Legen Sie besonderes Gewicht auf das, was nicht klappte und was hätte besser sein können, sollen oder werden. Nehmen Sie sich die Freiheit, völlig offen über Ihre Niederlagen, Verluste, Enttäuschungen und Ihre Reue zu schreiben – ebenso wie über Ihre Hoffnungen, Wünsche und Träume. Verleihen Sie den Gedanken, Gefühlen und Überzeugungen innerhalb Ihrer Story Ausdruck.

2. Lesen Sie Ihr persönliches Drama durch und schauen Sie, ob Sie ein besonderes Thema entdecken können. Gibt es ein zugrunde liegendes Muster, das in den Ereignissen Ihres Lebens immer wieder abläuft? Endet es für Sie oft damit, dass Sie sich übergangen, verlassen, verraten, missachtet, übersehen oder übervorteilt fühlen? Was ist das besondere Kennzeichen Ihrer »Ich-Armer«-Story?
3. Um die Schattenkonzepte, die Ihr persönliches Drama antreiben, zu enthüllen, sollten Sie eine Liste der Schlussfolgerungen anfertigen, die Sie aus den Ereignissen Ihres Lebens gezogen haben, sowie eine Liste der Bedeutungen, die Sie jenen Ereignissen zuschreiben. Lesen Sie die persönliche Story, die Sie hier im ersten Schritt verfasst haben, und während Sie über jedes bedeutsame Ereignis Ihres Lebens nachdenken, fragen Sie sich: »Welchen Sinn habe ich diesem Geschehen für mich gegeben?« Vielleicht hilft es Ihnen, wenn Sie die Liste der Schattenkonzepte weiter vorn in diesem Kapitel hinzuziehen. Versuchen Sie dabei, die drei zentralen Konzepte zu identifizieren. Dies wird Ihnen helfen, das Hauptthema Ihrer Story zu entdecken.
4. Halten Sie in Ihrem Tagebuch ein paar Seiten frei, um den repetitiven inneren Dialog aufzuschreiben, der von Ihrer Schattenbox gesendet wird. Achten Sie auf die Konversation in Ihrer Story, ohne zu urteilen.

Kontemplation

Die tiefere Wahrheit ist: Ich habe zwar eine Story, aber ich »bin« nicht meine Story.

– 4 –

Warum du an deiner Story festhältst

Unsere Furcht vor Veränderung, vor neuen Realitäten, sitzt so tief, dass wir uns verzweifelt an die uns bekannte Welt klammern. Doch oft verwechseln wir Vertrautheit mit Sicherheit. Der scheinbare Komfort, den wir aus dem Altbekannten ableiten, hält unser Leben in der Illusion unserer Story fest. Aber die Frage, über die wir nachdenken sollten, lautet: Sind wir im Innern unserer Story wirklich sicher? Statt Veränderung zu riskieren, klammern wir uns mit allen Kräften an das Bekannte und wehren uns gegen die Ungewissheit des Neuen.

Einmal las ich eine Geschichte, die überzeichnet ist, aber diese Problematik deutlich macht: Eine Frau wollte mit einem Felsbrocken in der Hand über einen See schwimmen. Als sie sich der Mitte des Gewässers näherte, begann sie natürlich zu sinken. »Lass den Stein los!«, riefen ihr die Leute vom Ufer aus zu. Aber die Frau schwamm weiter, während sie schon für Augenblicke im Wasser verschwand. Inzwischen hatte sie die Mitte des Sees erreicht und konnte sich kaum noch oben halten. Wiederum forderten sie die Leute auf: »Lass den Stein los!« Doch als die Frau zum letzten Mal nach Luft geschnappt hatte, hörten sie ihre Worte: »Ich kann nicht. Er gehört mir.«

Die meisten Menschen haben zu viel Zeit damit verbracht, dass sie daran festhalten, ihren Dramen Widerstand zu leisten, statt nach der Weisheit in unseren unerwünschten Aspekten,

Überzeugungen und Umständen zu suchen. Widerstand fesselt uns im Innern des emotionalen Schmerzes einer bestimmten Situation. Er hält uns genau in der Realität gefangen, die wir am meisten ändern wollen. Widerstand entspringt dem Wunsch, dass unsere gegenwärtigen Umstände sich ändern mögen. Selbst das geringste Verlangen nach Änderung der Lage kann zu massivem innerem Widerstand führen. Unabhängig davon, ob wir unsere ganze Story oder nur einen Teil davon ablehnen, verursacht der Widerstand ein inneres Ungleichgewicht. Er wirkt wie Leim, der uns an genau diejenigen Gefühle und Meinungen klebt, die wir am liebsten abschütteln wollen. Auch wenn es rückwärts gerichtet sein mag, müssen wir zuerst einmal alles akzeptieren, was wir abgelehnt haben, wenn wir uns Heilung wünschen.

Während der letzten Jahre habe ich in über fünfzig verschiedenen Städten immer wieder diese Worte wiederholt: »Was du ablehnst, bleibt bestehen.« Wenn Sie sich diesen Satz zu Herzen nehmen, werden Sie die Kraft haben, dauerhaft positive Veränderungen in allen Bereichen Ihres Lebens zu bewirken.

Obwohl ich den Menschen ständig rate, alles zu akzeptieren, was sie sind, beharren die meisten darauf, irgendeinen Aspekt ihres Lebens zu hassen oder abzulehnen. Es kommt nicht darauf an, in welchem Bereich Ihrer Existenz es auftaucht – in Ihrem Körper, Ihren Beziehungen, bei Ihren Eltern oder Ihren Finanzen –, Widerstand und Heilung passen generell nicht zusammen. Wenn Sie also beschließen, irgendetwas in Ihrem Leben abzulehnen – wenn Sie etwas hassen, beurteilen, ablehnen –, haben Sie die Garantie dafür, dass das Problem bestehen bleibt.

Widerstand versagt uns die erwünschte innere Ruhe und das Happy End, das wir so sehr anstreben. Er ist der Grund, warum wir uns nicht ändern. Widerstand gegen das Transzendieren und Bewältigen unserer Probleme ist die Ursache für unsere sich wiederholenden Verhaltensmuster. Widerstand gegen das, was ist, saugt unsere Lebensenergie aus uns heraus und blockiert den natürlichen Fluss unserer Entwicklung.

Der Preis des Widerstands

Unser Widerstand wird ausgelöst, wann immer wir uns selbst, den anderen oder den Umständen die Schuld für etwas geben. Die innere Überzeugung, die unseren Widerstand aufbaut, lautet: »So sollte es nicht sein.« Dann verwenden wir all unsere Energie darauf, die Realität unserer Lebensumstände zu ändern. Bei meinen Vorträgen frage ich die Hörer gern: »Wer von Ihnen hat mehr als tausend Stunden seines Lebens mit dem Versuch verbracht, etwas zu ändern – seien es die Menschen in Ihrer Umgebung, die Ereignisse Ihrer Vergangenheit oder irgendeine ungeliebte Eigenschaft bei sich selbst?« Jeder Anwesende, ohne Ausnahme, hebt seine Hand. Die meisten von uns glauben, dass die unerwünschten Lebensumstände verschwinden werden, wenn wir uns ihnen lang und hartnäckig genug entgegensetzen. Doch ich kann Ihnen mit absoluter Gewissheit versichern, dass der Widerstand gegen das, was ist, nie dazu führt, dass etwas verschwindet. Er könnte Sie tiefer in eine Verweigerungshaltung und tiefer in Ihre Story hineintreiben, aber er wird nicht ändern, was geschah, als Sie drei Jahre alt waren; er wird Ihnen nicht von allein dabei helfen, zwanzig Pfund abzunehmen; und er wird Sie auch nicht dazu bringen, Ihren Verflossenen plötzlich wieder zu lieben.

Als ich Karate lernte, zeigte mir mein Lehrer, dass Loslassen manchmal der beste Ausweg aus einer schwierigen Lage ist.

Wenn zum Beispiel ein Angreifer meinen Arm packte, sollte ich, anstatt ihn anzuspannen und wegzuziehen, mich auf den Gegner zubewegen und meinen Arm vollständig entspannen. Wenn ich den Arm von meinem Angreifer wegzerre, löst das bei ihm die natürliche Reaktion aus, noch fester zuzupacken. Um also von ihm freizukommen, muss ich zuerst seinem Griff nachgeben. Wenn ich loslasse und mich entspanne, lockert sich seine Hand von selbst, und das gibt mir die Chance, mich von ihm zu befreien. Unsere anfängliche Reaktion besteht stets darin, einer wahrgenommenen Bedrohung Widerstand zu leisten. Aber nur wenn wir tief atmen, uns entspannen und die Erfahrung erst einmal zulassen, können wir bestehen und Zugang zu all unseren Kräften finden.

Um unser Leiden zu überwinden, müssen wir unser instinktives Festhalten aufgeben und uns stattdessen auf den Pfad des Loslassens begeben. Alles, was wir ändern wollen, was wir fürchten, hassen oder nicht akzeptieren wollen, »klebt« uns an die Vergangenheit und bindet uns an unsere Storys und die Schattenkonzepte, die sie in Gang halten. Sich in das zu ergeben, was ist, verlangt von uns, dass wir unsere Herzen sanft machen, die Erwartungen fallen lassen, die aus unseren Storys kommen, und alles annehmen, was uns das Leben präsentiert. Alle Zutaten anzunehmen, die unser Leben ausgemacht haben, führt dazu, dass wir mit unschuldigen Ohren auf die tiefere Botschaft unseres Schmerzes hören, statt von den vertrauten Folgerungen aus unserem Schattentheater aufgehalten zu werden. Erst wenn wir zugeben, dass wir uns an den Komfort unserer Story klammern, können wir unseren Widerstand aufgeben und die Weisheit aus den Erfahrungen unseres Lebens gewinnen. Erst wenn wir beschließen, unsere Story dazu zu benutzen, um uns selbst zu lieben, statt uns zu strafen, werden wir die Freiheit haben, sie auf die ihnen zugedachte Weise zu benutzen. Ich verspreche Ihnen, wenn Sie als Generaldirektor des Universums und als Star Ihres Dramas zurücktreten, wird Ihr Leben einfacher, und Sie können den tieferen Ruf Ihrer Seele hören.

Niemand wird kommen

Um in den Prozess einzutreten, Ihre Story als das zu sehen, was sie ist – mit all Ihren Versprechungen und Begrenzungen –, gibt es keinen besseren Zeitpunkt und Ort als hier und jetzt. Es gibt keinen, der Ihnen das abnehmen kann. Niemand wird kommen, um Sie zu retten. Für mich änderte sich das Leben, als ich zu dieser aufregenden Einsicht gelangte. Jahrelang hatte ich ständig versucht, mein Dasein zu verbessern. Ich arbeitete hart daran, meine Lebensverhältnisse zu ändern, aber ständig schien ich hinter den gewünschten Ergebnissen zurückzubleiben. Doch eines Tages, als ich in meiner Wohnung auf dem Badezimmerboden saß und mich wieder einmal selbst bedauerte, ging mir ein Licht auf, und ich gelangte zu einer tiefen und lebensverändernden Einsicht: Niemand wird kommen. Ich könnte weiter leiden, hart arbeiten und versuchen, meine Story nett, lustig und leicht zu machen, so wie ich sie mir erträumte; oder ich könnte mich erheben, erwachsen werden und der Tatsache ins Auge sehen, dass niemand kommen wird, um mich zu retten. In diesem Moment der Gnade erkannte ich, dass ich mein ganzes Leben lang darauf gewartet hatte, dass meine Mutter, mein Vater oder der Mann meiner Träume käme, um mich abzuholen und mir zu sagen, ich sei perfekt, mein Leben sei perfekt und ich könne alles haben, was ich mir wünschte, und mir zu versprechen, dass ich von jetzt an ein märchenhaftes Leben führen würde…

Unbewusst warten die meisten von uns auf jemanden oder etwas, was kommt, um uns zu retten. Aber ich sage Ihnen ein weiteres Mal: Niemand wird kommen – weder Ihre Mutter noch Ihr Vater noch ein Prinz auf einem Schimmel. Obwohl die meisten meinen, dass jemand einschreiten und uns retten werde, wenn wir nur lange genug warten, ist es die unverrückbare Wahrheit, dass niemand unseren Weg für uns gehen kann. Wenn wir kühn genug sind, diese falsche Hoffnung aufzugeben, machen wir einen wichtigen Schritt zu wahrer Verantwortung für unser Leben und unser Glück.

In Hoffnungslosigkeit verfallen

Die meisten Menschen verwenden eine Menge Zeit darauf, sich zum Narren zu halten, indem sie sich jene gute alte Story einreden, nach der sie »eines Tages ihre Träume einholen« werden, und sich der Hoffnung verschreiben, dass ihr Leben in irgendeiner Zukunft besser werde. Auch wenn wir in Zeiten großer Verzweiflung auf Hoffnung angewiesen sind, ist es wichtig, zwischen echter Hoffnung und Wunschdenken zu unterscheiden. Oft bringen wir uns mit Tricks dazu, zu glauben, wir würden irgendwohin gelangen, wenn wir in Wirklichkeit nirgendwohin kommen. Hoffnung, positives Denken und hübsche Phantasien können sich schnell in Verdrängung oder Ignoranz verwandeln.

Vor einiger Zeit hatte ich eine sehr anstrengende Beziehung mit einem Mann. Ich wartete Jahre auf eine Besserung. Meine Hoffnung hinderte mich, Verantwortung für meine eigenen Gefühle zu übernehmen und mich mit den aktuellen Problemen zu befassen. Statt mir Zeit zu nehmen, meine Optionen zu betrachten und die Lektionen zu lernen, die mir da präsentiert wurden, verbrachte ich Stunde um Stunde mit Tagträumen – im Wunsch und in der Hoffnung, dass eines Tages wie durch ein Wunder alles in Ordnung käme. Anstatt mich mit der Realität zu befassen und mich auf die schmerzliche Erkenntnis einzulassen, dass eine weitere Beziehung gescheitert war, sank ich in einen Zustand des Verleugnens. Meine falsche Hoffnung hatte mir Scheuklappen aufgesetzt und Stöpsel in die Ohren gesteckt, die nur dazu dienten, das Unvermeidliche hinauszuschieben. Die Realität ist oft schmerzlich. Das große Paradox bzw. die große Ironie von alledem ist jedoch, dass wir wieder Hoffnung finden werden, wenn wir bereit sind, die falsche Hoffnung aufzugeben, dass wir unsere Story ändern, reparieren oder transformieren können, und wenn wir bereit sind, loszulassen und die Hoffnungslosigkeit zu spüren, die darin liegt, nicht mehr zu wissen, wer wir sind.

Ich habe in meiner Coachingpraxis so oft festgestellt, dass die Menschen sich lieber an ein Quäntchen Hoffnung klammern, als sich mit ihrer Realität zu befassen. Unsere Furcht vor Verlust oder Schmerz hält uns in unseren Storys gefangen und sorgt dafür, dass wir dieselben alten Muster ständig wiederholen. Einige bekommen ihren Schuss Hoffnung aus Büchern, Kassetten und Vorträgen. Auch wenn diese Art von Inspiration manchmal nützlich sein mag, wird sie, wenn wir sie zur Rechtfertigung unserer gegenwärtigen Lebensumstände benutzen, letztlich zu nichts anderem als zu einer neuen Seite in unserer Story.

Vor einigen Jahren arbeitete ich mit Margret, einer gut situierten Frau, der es auf den ersten Blick an nichts zu fehlen schien. Margret reiste durch die ganze Weltgeschichte, frequentierte Kurorte und Meditationszentren und hatte die nötigen Mittel, sich die bestmögliche Beratung zu leisten. Als selbst ernannter Selbsthilfe-Junkie besuchte sie einen Workshop nach dem anderen, in der Hoffnung, dass es ihr die ersehnte Anerkennung verschaffen würde, wenn sie Zeit mit Leuten verbrachte, die sie für bedeutend hielt. Von Unsicherheit gequält, fühlte sie sich innerlich jedoch unbemerkt und unbedeutend. Ein scheinbar unwichtiger Vorfall – wenn jemand zum Beispiel nicht auf einen Anruf von ihr reagierte – beunruhigte sie tagelang. Margret verwendete die meiste Energie darauf, etwas zu suchen, was ihr das Gefühl vermitteln würde, dass sie dazugehörte.

Während unserer dritten Sitzung stellte ich fest, dass sie schwächer zu werden schien: Sie drohte körperlich zusammenzubrechen und noch verzweifelter und ängstlicher zu werden. Ich schlug ihr vor, sich von allen Gruppen und Einzelpersonen fern zu halten, an die sie sich in ihrer Hoffnung geklammert hatte, eines Tages dazuzugehören. In dem Wissen, dass alles, was sie suchte, nur in ihr selbst gefunden werden konnte, gab ich ihr die Aufgabe, sich von ihrer Abhängigkeit von Selbsthilfegruppen zu lösen und ihre Aufmerksamkeit nach innen zu richten. Aber Margret schaffte das nicht. Es machte ihr zu viel Angst, allein zu sein ohne all die Ablenkungen, die ihr Anerkennung und Zugehörigkeit versprachen. Sie behielt das vertraute Verhaltensmuster bei und klammerte sich an die Hoffnung, dass sich alles eines Tages auszahlen würde.

Margret las ein Buch nach dem anderen, um nach einer Philosophie zu suchen, die ihre Handlungen rechtfertigte, und die ganze Zeit über Bestätigungen zu sammeln, die sie dabei unterstützten, dieselbe zu bleiben. Jedes Mal, wenn ich mit ihr über die selbstzerstörerischen Muster sprach, die sie an den Tag legte, pflegte sie einen Satz aus ihrer letzten Lektüre zu zitieren: »Debbie, in dem Buch, das ich gerade gelesen habe, steht, dass wir alle unser Bestes tun. Auch ich tue mein Bestes.« Margret war sehr erfinderisch, wenn es darum ging, ihr Verhalten zu legitimieren. Einmal kam sie zu mir und berichtete, dass sie von ihrer Familie schlecht behandelt und beschimpft worden sei. Als ich sie fragte, wie sie darauf reagieren wolle, antwortete sie: »Alles ist vollkommen, so wie es ist.« Ich schaute zu, wie Margret mit ihrer schmerzlichen Suche weitermachte, während sie sich an die Affirmationen klammerte, die ihr Hoffnung versprachen. Sie hatte sich mehr dem Weg der Rechtfertigung verschrieben als der Untersuchung der tiefer liegenden Probleme, die sie quälten.

Ich bat Margret, eine Liste mit allen Ausdrücken und inspirierenden Botschaften zu machen, die sie benutzte, um die Auseinandersetzung mit der Realität zu vermeiden. Sie hatte jedes Selbsthilfebuch gelesen, das auf der Bestsellerliste stand, und jedes Seminar besucht, das ihr irgendeine Hoffnung auf Glück versprach. Bei ihrer Suche hatte sie eine schöne Kollektion von Aphorismen gesammelt, die sie daran hinderten, die Verzweiflung ihrer Lage zu empfinden. Hier folgen einige von den Perlen der Weisheit, mit denen sie ihre Hoffnung nährte: »Vor dem Morgengrauen ist es immer am dunkelsten«, »Was mich nicht umbringt, macht mich stark«, »Ohne Schweiß kein Preis«, »Alles hat seinen Grund«, »Gott teilt mir nichts zu, was ich nicht bewältigen kann«, »Es ist ein Prozess«, »Wunder sind möglich«, »Das Universum wirkt durch mich«, »Alles ist Täuschung«, »Auch das geht vorbei«, »Bewahre eine Haltung der Dankbarkeit«, »Tu das, was du gern machst, und das Geld wird folgen«, »Die Dinge wenden sich immer zum Besten«, »Was ist, ist, und was nicht ist, ist nicht«, »Jede Wolke hat einen silbernen Saum«, »Die Freude liegt in der Reise«, »Im Dunkel liegt Gold«, »Zeit heilt alle Wunden«, »Heute ist der erste Tag für den Rest meines Lebens« ...

All diese Weisheiten, die Margret über viele Jahre zusammengetragen hatte, waren nun einfach zu einem anderen Teil ihrer Story geworden, zu einem weiteren Versuch, der nicht funktionierte. Auch drei Jahre nach unserer gemeinsamen Arbeit erfindet Margret immer noch phantasievolle Ausreden, warum die Dinge nicht in ihrem Sinne laufen und weshalb sie nicht weitergekommen war, wenn ich sie zufällig in der Stadt traf und mich erkundigte. Weil sie nicht bereit ist, sich den tiefer liegenden Problemen zu stellen, die sie in Abhängigkeit von bestimmten Leuten und Organisationen halten, verharrt Margret in den gleichen repetitiven Mustern, die sie nur zu gut kennt. Sie hat sich selbst eingeredet, dass Gott sich ihr Leben so wünscht und, wenn das Universum mehr für sie vorgesehen hätte, sich die Türen irgendwie auf magische Weise öffnen würden. Statt in sich zu gehen und zu fragen: »Gibt es in mir etwas, was dafür sorgt, dass dieselben Dinge immer wieder auftauchen?«, klammert sich Margret weiterhin verzweifelt an die Hoffnung, während sie den Menschen ihrer Umgebung die Hoffnungslosigkeit ihres Lebens überlässt.

Margrets Story erzähle ich Ihnen als Warnung. Wenn Sie sich über ein Jahr lang in einer schlechten Lage oder in einer kräftezehrenden Beziehung befinden, sollten Sie es nicht zulassen, dass Ihre Story Sie zu dem Gedanken verleitet: »Es wird sich alles zum Besten wenden.« Denn das wäre schließlich nichts als eine andere Story.

Der große Versuch

Bei dem Versuch, ihre Story »in Ordnung zu bringen«, sind viele Menschen in eine tiefe Falle geraten. Manche haben Jahre ihres Lebens damit verbracht, das Drehbuch ihres persönlichen Dramas neu zu schreiben oder die Rollen umzubesetzen, in der Hoffnung, ihr Leben zu ändern und ihr Schattenspiel zu beenden. Aber ganz gleich, wie sehr wir uns bemühen, unsere Story in Ordnung zu bringen, werden wir immer wieder durch die Begrenzungen entmutigt, die unsere persönlichen Dramen festlegen. Auch wenn ein paar kleine Retuschen uns helfen können, besser auszusehen und uns besser zu fühlen, sind diese Augenblicke der Freude von kurzer Dauer. Solange wir uns nicht ganz bewusst entscheiden, die Begrenzungen unserer Story zu durchbrechen, wird das vorübergehende Gefühl der Freiheit, das wir nach der Lektüre eines inspirierenden Buchs oder dem Anhören einer Motivationskassette empfinden, durch Hoffnungslosigkeit und Verzweiflung ersetzt. Solange wir nicht begreifen, dass die Wurzel unseres Problems die irrtümliche Meinung ist, wir »seien« unsere Story, hilft uns auch das beste Trostpflaster nicht.

Vor kurzem lernte ich bei einem meiner Seminare eine schöne junge Frau namens Caroline kennen. Mir fielen gleich ihr elastischer Schritt und ihr fröhlicher Charakter auf. In allen Pausen kam sie in meine Nähe, wartete ab, bis ich auf sie aufmerksam wurde, und schenkte mir dann ein großes, schönes Lächeln. Aber am zweiten Tag des Seminars begann Carolines Lächeln allmählich zu verblassen und machte einem Ausdruck von Trauer, Furcht und Verzweiflung Platz. Schließlich kam sie zu mir, um mich zu fragen, ob ich ein paar Minuten Zeit für sie hätte. Sie wollte wissen, ob ich dächte, dass dieses Seminar ihr wirklich helfen könne, und begann zu schluchzen, als sie mir erzählte, wie viele Methoden sie bei ihrer Suche nach dauerhaftem Seelenfrieden schon ausprobiert habe. Sie habe versucht, eine positive Haltung zu bewahren, und als das scheiterte, mit Therapien angefangen. Sie habe viele Seminare für persönliches Wachstum besucht, Hunderte von Selbsthilfebüchern gelesen und sich zahllose Stunden lang Motivationskassetten angehört. Nun fand sie sich am Boden zerstört, weil sie nach all den jahrelangen Versuchen, Frieden zu finden, immer noch eine immense Trauer direkt unter der Oberfläche ihres Bewusstseins spürte.

Ich bat Caroline, ihre Augen zu schließen und mir das schmerzlichste Ereignis ihres Lebens zu schildern. Sie erzählte mir, als sie fünf Jahre alt gewesen war, sei ihr Vater nach Hause gekommen, habe ihren Bruder abgeholt und sei dann mit ihm weggegangen. Caroline sah die beiden zehn Jahre lang nicht wieder. Ich fragte sie, wie sie mit dem Schmerz jenes Traumas umgegangen sei, und sie erwiderte, dass ihre Mutter sie aufgefordert habe, positiv zu denken und ein Lächeln in ihrem Gesicht zu bewahren. Als Caroline fünfzehn war, litt sie so sehr, dass sie jede Methode, die irgendwie Erleichterung versprach, auszuprobieren begann – von sportlichen Aktivitäten bis zu spirituellen Disziplinen. Sie suchte ständig nach schneller Abhilfe, nach irgendeinem bisschen Motivation oder Inspiration, an das sie sich einen Tag oder eine Woche lang halten konnte. Aber die Erleichterung hielt nie lange an, und zuletzt versank sie wieder in die Hoffnungslosigkeit ihrer Story. Freundlich schlug ich ihr vor, dass sie dieses Wochenende benutzen sollte, um über den Verlust ihres Bruders und ihres Vaters zu trauern. Sie starrte mich mit großen Augen an: »Soll das heißen, mich auf meinen Schmerz einzulassen?«, fragte sie.

Auf der Rückfahrt dachte ich an jenem Abend darüber nach, wie viele Jahre doch jeder von uns mit dem Versuch zubringt, seine Story zu ändern, so zu tun, als wären seine Traumata oder Demütigungen nie geschehen, und die Pein seiner Vergangenheit zu verbergen. Ich reflektierte über den massiven Aufwand an Energie, den jeder bei dem Versuch aufwendet, seine Gefühle, seine Gedanken und sein Verhalten zu ändern – alles in der Hoffnung, dass sich sein Leben ändern würde, wenn er sich nur genügend Mühe gäbe, und er dann endlich glücklich wäre.

Bei jedem Seminar, das ich leite, habe ich das Privileg, vor einer Gruppe mit einigen der ungewöhnlichsten Menschen auf diesem Planeten zu sitzen. Manche haben bei den größten spirituellen Meistern unserer Zeit gelernt; andere arbeiteten mit Therapeuten und weisen Lehrern, um ihre Vergangenheit zu heilen und etwas zum Wohl der Welt beizutragen. Und doch bleibt ihnen das Gefühl, dass es für sie mehr zu wissen, mehr Weisheit zu erlangen gibt, bevor sie ganz sein werden. Sie werden von einem inneren Konflikt getrieben, der sie fortwährend nach einem besseren und letztlich sinnvolleren Leben suchen lässt. Jahrelang fragte ich mich, warum keiner von uns finden kann, wonach er sucht, was immer es auch sei. Warum sind wir mit all diesem Wissen, mit all dieser Weisheit immer noch auf der Jagd nach etwas Neuem? Warum ist beständige Freude so unerreichbar? Warum scheinen uns unsere Träume immer einen Schritt voraus zu sein? Manche von uns haben sich auf der Suche nach Antworten auf die Frage, warum unser Leben so ist, wie es ist, sogar in große Schulden gestürzt.

In einem meiner Trainings listeten wir alle Methoden, Techniken und Verfahren auf, die wir bei dem Versuch benutzt hatten, uns und unsere Story in Ordnung zu bringen. Die Liste war endlos: Wir hatten Akupunkteure aufgesucht und Rückführungen in frühere Existenzen gemacht; für die meisten von uns galt wohl, dass die Anzahl der Therapeuten, die wir in unserem Leben konsultiert hatten, weit über dem Durchschnitt lag. Wir hatten an unserem Zorn, unserem inneren Kind und unserem inneren Kritiker gearbeitet; und als das gescheitert war, probierten wir ekstatischen Tanz aus. Wir versuchten, durch Visualisieren, Affirmieren, Chanting und Meditieren einen Ausweg aus unserem Schmerz zu finden. Wir suchten den Rat von Ernährungsberatern, Trainern, Life Coaches, Yogalehrern und Gurus, und als diese versagten, sind wir zu unserem Arzt gegangen, um uns das Antidepressivum Prozac verschreiben zu lassen. Wir reinigten unsere Chakras, sogen den Duft aromatischer Essenzen ein und zündeten Duftkerzen an, um unseren Geist zu beruhigen. Manche hatten sich zum Klang harmonisch besänftigender Musik in energetisch ausbalancierte Bäder gelegt, speziell aus Indien importierten Weihrauch angezündet, Magnete unter die Kopfkissen gelegt, Amulette um den Hals und Stimmungsringe, deren Farbe sich je nach Gemütslage bzw. Körpertemperatur ändert, an den Fingern getragen. Wir zogen Engelkarten und ließen uns unsere Tarotkarten lesen. Wir versuchten, Zeit für gemeinnützige Zwecke zu opfern und Menschen zu helfen, denen es schlechter zu gehen schien als uns. Manche hatten es auch mit einem reichen Mann oder einer hübschen jungen Frau versucht.

Unsere Liste nahm kein Ende, und obwohl wir schallend darüber lachten, verharrten die meisten von uns in der Präsenz und dem Schmerz ihrer Story, die sich nicht in Ordnung bringen ließ. Und die Frage, die sich uns stellte, lautete ganz einfach: Gibt es irgendeine Hoffnung?

Über das Bekannte hinausgehen

Eine tiefe Sehnsucht treibt uns, unsere Storys in Ordnung zu bringen. Wir sehnen uns nach der Rückkehr zu unserem natürlichen Zustand von Ganzheit, zu dem Ort, an dem es uns bewusst ist, dass wir eher die Weite des Universums als die

Enge unserer persönlichen Dramen repräsentieren. In unserem Streben nach Utopia, dem Land des Friedens und der Erfüllung, gehen wir Beziehungen ein, bauen Geschäfte auf und besuchen Retreats. Wir verbringen Hunderte von Stunden mit Lesen, Studieren und dem Anhäufen von Wissen, von dem wir erwarten, dass es uns zu unserem natürlichen Stand der Gnade zurückführt. Aber selbst wenn uns unser Wissen im Stich lässt, setzen wir unsere Suche fort. Tief in unserem Inneren wissen wir, dass Rückkehr zur Ganzheit möglich ist. Schließlich würden wir doch nicht so viel Zeit in unserem Leben mit dieser Suche verbringen, wenn wir wirklich glaubten, die Ganzheit wäre unerreichbar! Dann würden wir uns doch lieber mit dem sich wiederholenden Drama begnügen, das wir alle nur zu gut kennen. Aber die meisten von uns geben sich damit nicht zufrieden. Jenes tiefe Verlangen treibt uns, den Weg nach Hause zu finden. Es spornt uns an, zu suchen, bis wir zu der Weite unseres ewigen Selbst erwachen, jenes Selbst, das jenseits unserer Story zu finden ist.

Wenn wir bereit sind, im Innern unserer Storys bewusst zu bleiben, müssen wir uns einer tiefen Wahrheit stellen: Unser Verstand kann uns nicht dorthin führen, wohin sich unser Herz sehnt. Unser Verstand treibt uns, Antworten zu finden; aber die gefundenen Antworten sind oft das, was uns daran hindert, unsere tiefe Wahrheit zu entdecken. So weiß unsere Gesellschaft heute mehr über Ernährung und Gesundheit als je zuvor, doch unsere Bevölkerung leidet weiter an Gesundheits- und Gewichtsproblemen. Das Wissen, was wir essen sollen und wie viel Bewegung wir brauchen, bringt uns nicht die Motivation, Gutes zu essen und Sport zu treiben. Wenn wir jedoch mit der Heiligkeit und Totalität unseres inneren Wesens in Berührung kommen und spüren, was wahre Gesundheit und Stärke bedeuten, werden wir von allein den Wunsch verspüren, uns so gut wie möglich zu ernähren und zu pflegen.

Mein Freund Patrick sagt: »Den Weg zu kennen, bedeutet nicht, ihn zu gehen.« Wissen ist der Preis, mit dem der schlechteste Teilnehmer ausgezeichnet wird. Wissen existiert in unserem Kopf; Sein lebt in unserem Herzen. Um das »Ich« zu sein, nach dem Sie sich sehnen, müssen Sie das »Ich« aufgeben, das Sie kennen. In Wirklichkeit müssen Sie alles aufgeben, was Sie wissen. Ich wundere mich immer wieder über all die Männer und Frauen, die zu meinen Seminaren kommen und die Texte von einigen der großartigsten spirituellen Bücher unserer Zeit wörtlich aufsagen können. Aber sie sind sich dessen bewusst, dass ihnen trotz all dieses Wissens, all dieser Weisheit noch etwas fehlt.

Die Angst loslassen

Uns am Bekannten festzuhalten, ist wie gesagt der Hauptgrund dafür, dass wir in unseren Storys feststecken. Wir möchten unbedingt wissen, wer wir sind. Aber zu denken, dass wir wissen, wer wir sind und woraus wir gemacht sind, ist in Wirklichkeit das, was uns im Innern unserer Storys einschließt. Unsere Gedanken sind begrenzt; sie bewegen sich innerhalb der Identität, die wir uns zuschreiben. Jeder von uns hat ein Ego, das verzweifelt wissen möchte. Das Ego möchte nicht einfach um des Wissens willen wissen; es will Kenntnisse anhäufen, damit es sich der nächsten Person überlegen fühlen kann. Das gilt für alle Menschen. Das ist nicht schlecht, das ist nicht verkehrt. Es ist einfach, was es ist. Vergeuden Sie nicht Ihre Zeit bei dem Versuch, Ihr Ego loszuwerden – das geht nicht, genauso wenig, wie Sie Ihre Story loswerden können. Sie bilden essenzielle Aspekte unseres göttlichen Rezepts, mit dem wir uns später befassen werden. Aber vorläufig müssen Sie erkennen, wer die Show inszeniert und welche Motive zu allen Zeiten in Ihrem Leben wirksam sind.

Unser Bedürfnis, zu wissen, unser Bedürfnis, zu kontrollieren, unser Bedürfnis, Recht zu haben, und unser Bedürfnis, jemand zu sein, sind es, die uns in unserer Story gefesselt halten. Die natürliche Reaktion darauf besteht in dem Versuch, etwas in Ordnung zu bringen, was nicht funktioniert; und wenn uns das nicht gelingt, ist es unser nächster Impuls, es loszuwerden. Aber was immer wir auch tun mögen, wir können unsere Story weder in Ordnung bringen noch sie loswerden. Wenn es uns gelänge, sie zum Verschwinden zu bringen, würden wir niemals herausfinden, wer wir im tiefsten Kern sind. Gewännen wir das Spiel, unsere Story in Ordnung zu bringen, verlören wir das größere Spiel, uns selbst zu erkennen; denn wir könnten uns dafür entscheiden, in unserem Drama zu verharren, indem wir uns einreden, dass unsere Story nicht wirklich eine Geschichte ist, sondern vielmehr das, was wir wirklich sind. Wenn wir das tun, verfehlen wir die Gelegenheit, dem großen Puzzle des Lebens unser einzigartiges Steinchen hinzuzufügen. Es ist, als würde man eine Schlacht gewinnen, aber den Krieg verlieren. Was wir zu gewinnen meinen, wenn wir unsere Story in Ordnung bringen, verblasst gegenüber dem, was wir gewinnen werden, wenn wir aus unserer Story in die Fülle dessen heraustreten, der wir wirklich sind.

Viele haben Angst, ihre Story loszulassen, selbst wenn sie uns nicht länger von Nutzen ist, aus Furcht, sich sonst selbst nicht mehr zu kennen. Ich schreie hurra, wenn Sie sich nicht mehr kennen! Es ist so aufregend, sich nicht zu kennen. Das Selbst, das Sie kennen, ist ein begrenzter Teil, ein kleines

Stückchen von dem, was Sie wirklich sind. Es ist wie eine einzelne Scheibe in einem riesigen Kaleidoskop mit Tausenden von Farben. Sie haben sich darauf fixiert, sich für eine einzelne Scheibe aus kristallrotem Glas zu halten, während Sie in Wirklichkeit tausend schillernde Farben sind, alle miteinander verwoben und tanzend, um magische Bilderwelten hervorzuzaubern. Jedes Mal, wenn Sie das Kaleidoskop in eine andere Richtung drehen, eröffnet sich Ihnen eine ganz neue Welt. Wenn Sie Ihren Fokus verschieben, können Sie plötzlich Dinge sehen, die Sie nie zuvor erblickt hatten. Die Perspektive, in der Sie sich selbst sehen, ist nichts anderes als eine begrenzte Sicht Ihrer wahren Natur.

Schritte zur Heilung

1. Sorgen Sie für eine ruhige Umgebung, in der Sie nicht abgelenkt werden. Nehmen Sie sich Ihr Tagebuch vor und antworten Sie ganz frei auf die folgenden Fragen:
   - Wer wäre ich ohne meine Story?
   - Was fürchte ich zu verlieren, wenn ich meine Story aufgebe?
2. Machen Sie eine Liste aller Maßnahmen, die Sie versucht haben, um Ihre Story in Ordnung zu bringen oder loszuwerden.
3. Machen Sie eine Liste aller Formen, in denen sich in Ihrem Leben Widerstand zeigt. An welchen Verhaltensweisen, Emotionen und Überzeugungen, die Sie an der Akzeptanz der Realität hindern, halten Sie fest?
4. Machen Sie eine Liste, in welcher Art und Weise Sie Hoffnung einsetzen, um zu vermeiden, dass Sie sich mit der Realität auseinander setzen müssen. Welche Veränderungen

würden Sie heute in Ihrem Leben vornehmen, wenn es keine Hoffnung auf Wunder gäbe?

KONTEMPLATION

Es ist für mich sicher, meine Story loszulassen.

— 5 —

Seine Kraft zurückgewinnen

Wenn ich bei nur einem einzigen menschlichen Problem etwas ändern könnte, dann würde ich gern jeden Menschen von dem unerträglichen Leiden befreien, sich als Opfer zu fühlen. Die Schwierigkeit bei meinem Wunsch ist natürlich, dass ich nicht die Macht habe, irgendjemanden von irgendetwas zu befreien, auch nicht davon, ein Opfer zu sein. Nur Sie selbst können dies tun. Jeder Mensch, den ich kennen gelernt habe, hat irgendeine Geschichte darüber auf Lager, wie er zum Opfer wurde. Die meisten von uns schieben ihre Mängel auf die Eltern, während andere ihren Lehrern, früheren Partnern, ihren Übeltätern, ihren religiösen Führern, ihren Freunden oder ihren Großeltern die Schuld geben. Viele von uns haben das Gefühl, bei der Arbeit schlecht behandelt, von ihren Familien ausgenutzt, von Gott verlassen oder vom Leben allgemein schikaniert worden zu sein.

Diese Opferrolle lässt uns glauben, dass wir irgendwo auf unserem Lebensweg ungerecht behandelt wurden und die an uns begangenen Verfehlungen die Ursache unseres Schmerzes sind. Es handelt sich hier um eine Story, die uns begrenzt und uns unserer persönlichen Kraft beraubt, solange wir sie glauben. Die meisten Menschen haben auch genug »Beweise« gesammelt, um ihre Wahrnehmung zu bestätigen, dass sie Opfer des Schicksals sind. Und dies ist gewiss eine Art und Weise, das

Dasein zu sehen. Wenn wir das Leben aus der Perspektive betrachten, nicht an der Schaffung unserer Realität beteiligt zu sein, dann sieht es so aus, als geschähe uns Unrecht. Aber wenn wir den Blickwinkel ändern, entdecken wir eine größere, machtvollere Realität, die uns zu Mitschöpfern unserer eigenen Erfahrung macht. Sobald wir unser Dasein aus dieser neuen Sichtweise betrachten, können wir alles annehmen, was uns geschehen ist, und zwar genau als das, was wir brauchten, um unser volles Potenzial zum Blühen zu bringen und in unserem Leben voranzuschreiten.

Die Opferhaltung ist erschreckend, weil wir uns ihrer nicht immer bewusst sind. Diese Einstellung ist ein so integraler Aspekt unserer Story, dass wir nicht einmal erkennen, wie tief sie unser Leben prägt. Selbst wenn wir uns nicht als Opfer der Umstände oder anderer Menschen fühlen, sind viele von uns Opfer ihres eigenen Selbstmissbrauchs geworden. Statt unsere Vorwürfe auf andere zu projizieren, drehen wir sie um und spiegeln sie auf die eigene Person. Manche von uns meinen, es mache uns zu besseren Menschen, wenn wir uns selbst kasteien, statt den Menschen in unserer Umgebung die Schuld zuzuschreiben. Wenn wir es vorziehen, uns selbst zu beschuldigen, hegen wir wahrscheinlich auch noch Gefühle der Selbstgerechtigkeit gegenüber denjenigen, die lieber andere beschuldigen. Aber so oder so sind wir die Opfer: Entweder sind wir das Opfer eines anderen, oder wir sind das Opfer unserer selbst. So oder so raubt uns das die Kraft, und wenn wir derart empfinden, werden wir noch tiefer in unsere Storys verwickelt. Was für eine absurde Alternative: Entweder verprügelt uns ein anderer, oder wir verprügeln uns selbst! In beiden Fällen bleiben wir traumatisiert zurück. So oder so sind wir die Verlierer.

Die Kosten des Vorwurfs

Solange wir auf irgendeine Weise von unseren Storys profitieren, können wir niemals aus ihnen heraustreten. Ohne es wirklich zu merken, ziehen die meisten scheinbar einen gewaltigen Gewinn daraus, ihren Mitmenschen die Schuld für ihre eigenen Defizite zu geben. Es verschafft uns innere Befriedigung, mit dem Finger auf andere zu zeigen und ihnen Vorwürfe zu machen. Viele von uns werden bis zum Grab den anderen die Schuld an ihren Lebensumständen geben. Wir werden alles tun, um unserer Verantwortung für die Rolle in unserem Drama aus dem Weg zu gehen. Aber den anderen die Schuld zu geben und den Schmerz unserer Vergangenheit festzuhalten, bedeutet, dass wir uns auf ein Leben der Begrenzung und des Elends einstellen. Solange wir den anderen die Schuld an unseren Lebensumständen zuschreiben, haben wir keine Freiheit, denn dieser Groll fesselt uns genau an diejenigen Menschen und Umstände, die uns missfallen. Solange wir jene Saat des Grolls in unseren Herzen tragen, müssen wir in unserem Leben irgendeine Art von Schmerz, Drama oder Unzufriedenheit hervorrufen, um unsere Vorwürfe am Leben zu halten.

Die meisten haben sich innerlich sehr deutlich auf die Aussage festgelegt: »Sieh, was du mir angetan hast!« Ganz gleich, wie sehr wir uns in der äußeren Welt mühen, um unser Leben großartig zu machen, wird letztlich diese Fixierung auf die Schuld der anderen die Oberhand gewinnen. Sie wird unser Verhalten steuern und die Erfahrungen hervorrufen, die beweisen, dass wir Recht haben: dass uns Unrecht geschehen ist und dass dieses Unrecht irgendwie unsere Fähigkeit beschädigt hat, die gewünschten Ziele im Leben zu erreichen. Solange wir uns auf die Opferrolle festgelegt haben, müssen wir irgendeinen Weg finden, uns selbst zu sabotieren, um unseren Groll zu rechtfertigen.

Verantwortung zu übernehmen, ist der einzige Ausweg aus dieser Falle. Auf der tiefsten Stufe vermeiden es viele Menschen, total und vollständig für die Ereignisse unseres Lebens geradezustehen. Das machen wir, weil wir oft das Gefühl haben, dass wir jemanden vom Haken lassen, der uns geschadet hat, wenn wir verantwortlich für die eigene Person zeichnen wollen. Aber in Wahrheit wäre dies der einzige Weg, *uns selbst* vom Haken zu lassen. Wenn uns jemand schikaniert und es uns schließlich doch gelingt, zum »größten Menschen aller Zeiten« zu werden, hören wir wahrscheinlich auf, jene Person zu beschuldigen, und wir halten es nicht länger für nötig oder wünschenswert, ihr die Vergehen unter die Nase zu reiben. Wir erkennen, dass die Fähigkeiten, die wir entwickelt haben, und der Schmerz, den wir dabei erleiden mussten, in Wirklichkeit ein notwendiger Bestandteil unseres Erfolgs waren.

Ich lernte Jerri, eine attraktive Frau Mitte fünfzig, bei einer Freundin kennen. Während unserer Unterhaltung erfuhr ich, dass Jerri eine äußerst erfolgreiche Finanzberaterin war. Als ich sie fragte, welche Person oder welches Ereignis am meisten zu ihrem Erfolg beigetragen habe, schaute mir Jerri in die Augen und antwortete: »Meine alkoholkranke Mutter.« Von dieser Antwort irritiert, fragte ich weiter: »Was hat Ihnen Ihre alkoholkranke Mutter über Finanzmanagement beigebracht?« Jerri erzählte mir Folgendes: Nachdem ihr Vater die Familie verlassen hatte, als sie noch ein Teenager war, wurde ihre Mutter im Umgang mit Geld sehr leichtsinnig und vergeudete häufig das ganze Monatseinkommen der Familie bei ein paar wilden Nächten in der Stadt. Um sicherzustellen, dass sie und ihre beiden jüngeren Brüder die nötigen Schulsachen, etwas zum Anziehen und zum Essen hatten, fing Jerri die zweimonatlichen Schecks für die Invaliditätsrente ihrer Mutter ab und verwendete dieses Geld dazu, um das Notwendige für die Familie zu kaufen.

»Anscheinend hatten Sie in Ihrem ganzen Leben ein Talent für die Finanzplanung«, sagte ich zu Jerri.

»Überhaupt nicht«, erwiderte sie. »Als ich jung war, war es mein einziger Wunsch, einen Mann zu finden, der für mich sorgte, damit ich zu Hause bleiben und eine Familie haben konnte. Mit der Verwaltung unserer Finanzen wollte ich nichts zu tun haben. Doch als wir uns scheiden ließen, war ich gezwungen, mein Geld selbst zu verdienen.

Angesichts der Herausforderung, so spät in meinem Leben eine neue Karriere zu beginnen, überlegte ich, welche Fähigkeiten oder Talente ich hätte, die für andere von Wert wären. Damals erkannte ich, dass ich Talent im Umgang mit Geld hatte und ich mir diese Fähigkeiten in der finanziell unsicheren Zeit meiner Kindheit erworben hatte. Ich beschloss, eine Ausbildung zur Wirtschaftsprüferin zu machen, und merkte plötzlich, dass ich tatsächlich eine Menge von meiner Mutter gelernt hatte. Als ich das erkannte, änderte sich irgendetwas in meinem Innern. Es gelang mir, meine Wut auf sie loszulassen, und ich beschuldigte sie nicht länger, so leichtsinnig mit Geld umgegangen zu sein.

Als ich schließlich aufhörte, meiner Mutter Vorwürfe zu machen, konnte ich deutlich die Richtung sehen, in die mein Leben gehen sollte. Von diesem Punkt an war mir klar, dass ich wegen meiner finanziellen Situation nicht länger zu leiden bräuchte und meine Gaben anderen zur Verfügung stellen könnte, während ich gleichzeitig die Früchte meines Erfolgs ernten würde.«

Den Eltern verzeihen

Verantwortung zu übernehmen, ist ein Prozess, der oft in Stufen abläuft. Ich kenne Menschen, die zu der schwierigen Einsicht gelangten, dass sie selbst nach zwölf Jahren Therapie und unzähligen Transformationsseminaren immer noch den Eltern die Schuld an ihrem Geschick gaben. Um nicht in dem Gefühl zu leben, all die Zeit und das Geld vertan zu haben, versuchten sie es mit einem spirituellen Ansatz, der ihnen aufgab, die Verantwortung für ihre Realität zu übernehmen. Doch anstatt ihrem tief sitzenden Groll auf ihre Eltern auf den Grund zu gehen, versuchten sie, ihre Storys kosmetisch zu behandeln, indem sie sich Phrasen einredeten wie »Meine Eltern taten das Beste, was sie konnten, mit dem Bewusstsein, das sie eben hatten; sie mussten ihre eigene schwere Last tragen; es ist ungerecht, ihnen Vorwürfe zu machen«. Obwohl solcherart Feststellungen wahr sein können, ist es für Menschen in dieser Lage wichtig, sich wirklich die Zeit zu nehmen, die Verletzungen ihrer Vergangenheit zu heilen, indem sie die Segnungen in diesen Ereignissen finden und sich dazu nicht einfach neue Geschichten ausdenken. Auf diese Art Verantwortung in der spirituellen Welt zu übernehmen, ist zu einer neuen Form des Selbstmissbrauchs geworden, denn das ändert nichts an unserer Fixierung auf die Opferrolle in unseren Storys. Es ist ein neuer Trick, um uns selbst zu strafen, die Schuld zu geben und zu schwächen – einfach eine andere, subtilere Form der Opferrolle. Sie verkehrt äußeres Toben in innerliches Kochen.

Wahre Verantwortung zu übernehmen, ist ein Prozess, und es ist der einzige Ausweg aus der Opferstory. Es bedeutet, anzuerkennen, dass wir Mitschöpfer des Dramas sind, das wir erlebt haben. Verantwortung zu übernehmen, verlangt von uns, unseren Lebenserfahrungen Weisheit abzugewinnen und die Gaben zu finden, die sie für uns bereithalten, so wie Jerri es gemacht hat. Es bedeutet, die oft schmerzlichen Lektionen zu lernen, die jede Erfahrung uns zu lehren hat. Verantwortung ist unsere höchste Bestimmung, aber wenn wir tief sitzende Ressentiments gegen andere hegen, müssen wir uns darüber Klarheit verschaffen und sie verarbeiten. Sonst werden wir unsere Seelen weiter vergiften, unseren Selbstwert untergraben und das Leben aus unseren Träumen saugen.

Wenn es um unsere Eltern geht, so gibt es viele Schichten der Heilung. Zu einer bestimmten Zeit mögen wir uns frei fühlen, doch dann geschieht irgendetwas, und wir legen eine neue Schicht des Schmerzes frei. Wenn wir in unseren Leben nicht gedeihen, bedeutet dies, dass wir im Hinblick auf unsere Eltern immer noch ein bisschen das Gefühl mit uns herumtragen: »Seht, was ihr mir angetan habt.« Groll kann sehr tief sitzen. Es kann ein Leben lang dauern, um seine Schichten freizulegen. Aber sofern wir nicht zugeben, dass wir Groll hegen, werden wir nie die gewünschten Fortschritte machen. Wenn wir in unserem Leben ständig blockiert sind oder feststecken und keine Befriedigung finden, bedeutet dies, dass wir immer noch wütend sind. Vielleicht sollten wir darüber nachdenken, dass wir uns in Wirklichkeit von einem großartigen Leben abhalten, damit wir unseren Groll rechtfertigen können. Sobald wir unseren Eltern ihre Fehler und Mängel ganz verziehen haben, ist es das beste Geschenk, das wir ihnen machen können, ein außergewöhnliches Leben zu führen und so hell wie möglich zu strahlen. Aber wenn wir noch irgendein Ressentiment gegen unsere Eltern und Fürsorgepersonen haben, werden wir es ihnen unbewusst heimzahlen, indem wir auf irgendeine Art ein elendiges Dasein fristen.

Seit ihrer frühesten Jugend träumte Lori davon, Schauspielerin zu werden. Ihre Lehrer erkannten ihre darstellerische und dramatische Begabung und ermutigten sie zu einer Bühnenlaufbahn. Loris Mutter, eine stolze und anständige Frau, war ihr dabei aber keinerlei Hilfe. Sie hatte von ihr verlangt, eine gute Schule zu besuchen und einen ordentlichen und verantwortungsvollen Beruf zu finden wie ihre Brüder. Doch sie überlegte es sich anders, ignorierte die scheinbar so konservativen Ansichten ihrer Mutter und beschloss, nicht aufs College zu gehen. Aber sie empfand immer einen tiefen Groll gegen ihre Mutter, weil sie sie nicht dazu ermutigt hatte, ihrer Leidenschaft zu folgen.

Ein Jahr später, als Lori neunzehn war, wurde sie schwanger. Das war im Jahr 1965, als sie in einer konservativen Stadt im Mittleren Westen wohnte. Deshalb dachte Lori, es wäre am besten, zu heiraten. Wegen ihrer ordentlichen Erziehung war es für Lori wichtig, sich mit ihrem Kind wie eine »anständige Frau« zu fühlen, anstatt sich dafür schämen zu müssen, eine allein stehende und allein erziehende Mutter zu sein. Also beschloss Lori, einen Mann zu heiraten, den sie nicht wirklich liebte, obwohl sie sich darüber im Klaren war, dass sie ihr Kind letzten Endes wahrscheinlich allein aufziehen müsste. Bald zeigte sich, dass sie Recht gehabt hatte. Schon ein paar Monate nach der Geburt ihres Sohnes Joshua zog der Mann aus. Als Joshua sechs Monate alt war, schickte die Mutter ihr einen Zeitungsausschnitt, in dem Mitwirkende für ein neues Theaterstück in der Stadt gesucht wurden. Man suchte eine Hauptdarstellerin Anfang zwanzig, und ihre Mutter schlug ihr vor, sich für diese Rolle zu bewerben. Lori war verblüfft, dass ihre Mutter sie auf einmal zu einer Schauspielerkarriere ermutigte. Groll stieg in ihr auf, als sie an all die Male dachte, da ihre Mutter sie davon abgehalten hatte, ihrem Traum nachzueifern, und sie wegen ihres Wunsches, Schauspielerin zu werden, schlecht machte. Mit lautem Fluchen zerriss sie den Zeitungsausschnitt. In jenem Augenblick setze Lori ihre Mutter ins Unrecht, beschloss, nie wieder auf die Bühne zu wollen, und besiegelte so ihr Schicksal.

Vorwürfe und Groll sind die giftigen Emotionen, die uns in der Enge unserer Storys gefangen halten. In unsere persönlichen Dramen ist eine tief liegende Konversation eingewebt, die so ähnlich klingen könnte: »Sieh, was du mir angetan hast. Du hast mein Leben verpfuscht. Ich bin ein Nichts, genau wie du.« Oder: »Ich werde es nie zu etwas bringen – genau wie du mir gesagt hast.« Wir machen andere für unsere Mängel verantwortlich und gehen dann daran, Beweise dafür zu sammeln, dass wir in der Tat schlecht und ungerecht behandelt wurden. Unsere »Oh-ich-Armer«-Story wird zu unserem Beleg dafür, dass wir misshandelt, vernachlässigt und missbraucht wurden. Und jedes Mal, wenn es uns nicht gelingt, unser Bestes zu tun, haben wir so das perfekte Alibi. Dann sagen wir: »Wenn ich nicht jenen zornigen Vater, jene fiese Freundin, jene alkoholkranke Mutter gehabt hätte oder wenn ich nicht vergewaltigt, belästigt, geschlagen, ignoriert, verlassen, beschimpft worden wäre, dann wäre ich jetzt nicht so!« Dann benutzen wir jedes Scheitern, jede Enttäuschung, jede misslungene Beziehung oder jedes vermasselte Geschäft, um uns in unserer Überzeugung zu bestärken, dass wir das Opfer unserer Lebensumstände sind. Ständig sabotieren wir unser Streben nach Erfolg und Glück, um an unserem Groll festzuhalten und unsere Story intakt zu erhalten. Unser fortwährendes Scheitern und Elend beweisen uns, dass wir Recht haben und diejenigen, die wir beschuldigen, im Unrecht sind.

Es ist wichtig, damit anzufangen, diejenigen Menschen in unserem Leben zu identifizieren, denen wir die Schuld daran geben, dass wir nicht das Dasein unserer Träume führen. Vielleicht ist es unsere Mama, unser Papa, unser Stiefvater, die Nonnen und Priester, die uns erzogen haben, unser Rabbi, unser Guru, unser Arzt, die Kindergärtnerin, die uns nicht ausgewählt hat. Vielleicht geben wir unserer Schwester die Schuld: Wenn sie uns das und das nicht angetan hätte, als wir sechs waren, säßen wir jetzt nicht so in der Klemme... Vielleicht waren es die brutalen Typen, die sich über uns lustig machten, oder die Kinder in unserer Klasse, die uns nicht mitmachen ließen. Die Leute, denen wir die Schuld zuschieben, sind die perfekte Ausrede für unsere Selbstsabotage. Wir wollen sie unbewusst bestrafen, indem wir nicht so erfolgreich oder glücklich sind, wie wir sein könnten. Laut oder leise sagen wir: »Schau, ich bin wirklich ein Versager. Du hast mir wirklich geschadet.«

Ich begegnete Sunny, einer Frau, die gern Schriftstellerin geworden wäre, vor kurzem in einem Seminar. Bei unserem Gespräch erzählte sie mir, dass sie vom Augenblick ihrer Geburt an das Gefühl hatte, dass nichts von dem, was sie machte, für ihren Vater gut genug wäre. Das war das Thema ihrer Story. Als jüngste von drei Töchtern wuchs Sunny in einer ländlichen Viehzüchterstadt auf und wurde von ihrem Vater dazu erzogen, als Gehilfin auf seiner Rinderfarm zu arbeiten. Sunny war ein sensibles Mädchen, von Natur aus liebevoll und fürsorglich; sie hatte weder Herz noch Talent zur Viehzucht: Sie berichtete mir, wie sie unter Tränen davonzurennen pflegte, wenn sie eine Pille in den Hals einer Kuh schieben oder die Hörner eines Kalbs absägen sollte. So hatte sie immer das Gefühl, in den Augen ihres Vaters wertlos zu sein. Sie war nicht der kleine Junge, den dieser sich eigentlich gewünscht hatte.

Bald erfuhr ich auch, dass Sunny sich jahrelang danach gesehnt hatte, ein Buch über die Lektionen zu schreiben, die Frauen einander geben. Als ich sie fragte, was sie daran hindere, das Projekt in Angriff zu nehmen, antwortete sie: »Ich fühle in meinem Herzen, dass mein Buch zum Bestseller werden könnte, und wenn mein Papa mich dann in einer Talkshow sähe und meinen Namen in der Zeitung gedruckt fände, würde er am Sonntagmorgen zur Kirche gehen und allen Leuten sagen: ›Schaut mal, was mein kleines Mädchen gemacht hat.‹ Ich möchte aber auf keinen Fall so erfolgreich sein, dass er einen Teil meines Ruhms für sich selbst beanspruchen kann.« So hatte Sunny Jahre ihres Lebens damit vergeudet, sich selbst von der Erfüllung ihres Herzenswunsches abzuhalten, nur um ihren Vater um das Vergnügen zu bringen, mit seiner Tochter zu prahlen.

Am Schluss des Wochenendes konnte Sunny erkennen, wie viel von ihrer Kraft sie an ihren Vater verloren hatte. Sie begriff auch, dass sie sich niemals zum Schreiben hingezogen gefühlt hätte, wenn ihr Vater nicht dagegen gewesen wäre. Ich bin sicher, dass Sunny an dem Tag, an dem sich ihr Traum von der Schriftstellerlaufbahn erfüllt, Gott dafür danken wird, dass ihr Vater für ihre Gefühle nicht zugänglich war, denn dieser Mangel an Vertrautheit war das, was ihren Traum auslöste. Sie wird Gott für jede Kleinigkeit in ihrem Leben danken, auch dafür, dass ihr Vater trotz all seiner Fehler eben ihr Vater war. Sunny hat die Wahl: Sie kann sich dafür entscheiden, jenen Groll ihr Leben lang mit sich zu schleppen, um ihrem Vater das Recht zu nehmen, stolz auf seine Tochter zu sein. Aber wenn sie ihm ihren Erfolg wegnimmt, nimmt sie sich ebenfalls etwas weg. Und sie nimmt der Welt die Möglichkeit, zu vernehmen, was sie zu sagen hat.

Die meisten Menschen tragen ihr ganzes Leben lang die gleichen Ressentiments mit sich herum. Und wenn wir das so wollen, können wir sie mit uns schleppen, bis wir 82 werden. Vielleicht ist es ja ein gutes Gefühl, unseren Müttern oder Vätern, unseren Brüdern oder Schwestern Vorwürfe zu machen. Manchmal tut es doch wirklich gut, mit dem Finger auf andere zu zeigen. Auf diese Weise können wir den Druck auf uns selbst verringern. Die Aussage »Du hast es mir angetan« hört sich besser an als »Ich habe es mir angetan«. Aber die Fragen, die wir uns nun stellen sollten, lauten: »Wie viele Jahre lang habe ich meiner Mutter oder meinem Vater die Schuld für meine vermeintlichen Defizite gegeben?«, »Wie viele Male habe ich dieselben schädlichen Verhaltensweisen wiederholt, in der unbewussten Absicht, sie für mich nützlich zu machen?«, »Wie viele Jahre will ich noch so weitermachen?«, »Was habe ich geopfert, indem ich an meinem Zorn festhielt?« ...

Solange wir im Leben nicht alles erreichen, was wir uns wünschen, hegen wir wahrscheinlich einen Groll gegen etwas oder jemanden. Wenn wir nicht all unsere Wünsche erfüllen, sabotieren wir uns irgendwo. Dann liegt uns noch mehr daran, nicht alles zu bekommen, als glücklich zu sein. Wenn wir beginnen, all unsere Wünsche zu erfüllen, wird es keinen mehr geben, den wir beschuldigen, und ohne diese Fessel an unsere Vergangenheit werden wir die Freiheit haben, das Leben unserer Träume zu führen. Wenn wir unseren Anspruch, Opfer zu sein, losgelassen haben, werden wir einsehen, dass wir in der Hinsicht die vollkommenen Eltern hatten, dass sie uns die perfekten Lektionen gegeben haben. Wir werden ihnen nicht länger grollen, ganz gleich, wie sehr sie uns getäuscht und wie schlecht sie uns behandelt haben. Befreit von der Kleinheit, zu der uns die Opferrolle verurteilt, werden wir uns in voller Größe, Kraft und Pracht erheben und dankbar sein für jeden Vorfall in unserem Leben, sei er nun dunkel oder hell.

Was ist Ihre Ausrede?

Wann immer wir den anderen die Schuld geben, benutzen wir sie als Vorwand dafür, dass wir unser Leben nicht voll und ganz leben. Wir verstehen es meisterhaft, Ausreden zu erfinden, um unsere Lebensumstände zu rechtfertigen. Wie ein Leopard sich an seine natürliche Umgebung anpasst, so tarnen sich unsere Ausflüchte als Wahrheit. Sie verstecken sich und flüstern uns jedes Mal leise ins Ohr, wenn wir versuchen, die Grenzen unserer Story zu überschreiten. Das Erschreckende daran ist, dass die meisten von uns ihre Rechtfertigungen eher für Wahrheiten als für Ausreden halten. Um uns von unserer Story zu befreien, müssen wir bereit sein, die Ablenkungsmanöver aufzudecken, mit denen wir unsere Geschichte zusammenhalten. Mit kritischem Blick sollten wir unsere täglichen Dramen betrachten, unsere Liste von guten Gründen und Alibis durchgehen und uns fragen: »Ist das die Wahrheit oder ist es lediglich eine Ausrede?«

Um den lebensverändernden Prozess der Demontage unserer gegenwärtigen Realität in Gang zu setzen, müssen wir die Vorwände entlarven, mit denen wir uns davon abhalten, all das zu manifestieren, was wir uns im Leben wünschen. Unsere Ausreden umgeben uns wie unsichtbare Behälter, die uns Grenzen für unsere Bewegungsfreiheit und unsere Leistungen setzen. Unsere Ausflüchte rechtfertigen unsere Lebensumstände, indem sie uns glauben machen, wir wären zu ohnmächtig, um das Unerreichbare zu erreichen. Stellen Sie sich einmal vor, von einem unsichtbaren Glasbehälter umgeben zu sein. Jedes Mal, wenn wir über diese unsichtbare Grenze hinausgehen wollen, stoßen wir gegen das Glas und ziehen uns wieder an unseren Ausgangsort zurück. Genau das geschieht, wenn wir unseren Scheingründen Glauben schenken. Ohne es zu merken, kehren wir letztlich immer wieder zurück, weil unsere Begrenzungen festgelegt sind. Sie sind tief in unser Gehirn einprogrammiert, und wie jedes gute Betriebssystem folgen sie einfach den Anweisungen. Ausreden fesseln uns an unsere gegenwärtige Realität und halten den fortwährenden Zyklus der Unzufriedenheit aufrecht.

Unsere Vorwände können vielerlei Formen haben: »Das wird mir nie passieren«, »Ich kann nicht alles haben«, »Ich bin nicht gut, nicht alt, nicht schlau genug« ... Oder wie wäre es mit »Ich bin zu alt, zu blöd, zu dick, zu müde, zu ...«? Klingelt es in Ihnen bei Sätzen wie »Ich bin gehemmt«, »Ich stecke fest«, »Ich bin verwirrt«, »Ich kann es nicht ändern«? Wie steht es mit »Ich bin zu faul«, »Ich habe nicht genug Energie«, »Ich bin ein Zauderer« oder »Es wird geschehen, wann Gott es will, aber nicht, wann ich will«? Vielleicht lautet Ihre Ausrede so: »Ich brauche eine bessere Ausbildung, mehr Information oder mehr Hilfe.« Klingt es für Sie nicht vertraut, sich selbst zu sagen: »Ich bin nicht bereit, ich werde es morgen machen, ich werde nie bereit sein«? Und wie ist es mit »Wenn ich nur eine andere Kindheit erlebt hätte«, »Wenn ich nur ein gutes Vorbild gehabt hätte«, »Es ist seine/ihre Schuld, wenn er/sie sich nur änderte«, »Ich habe nicht, was man braucht«, »Irgendjemand könnte es bestimmt besser machen«? Ist Ihnen das Gefühl der Ohnmacht vertraut? Was empfinden Sie bei Ausreden wie »Ich brauche Hilfe«, »Wenn ich offen meine Meinung sage, werden die Leute mich nicht mögen« oder »Wenn ich mein ganzes Potenzial realisiere, werde ich ganz allein dastehen; habe ich nicht schon genug getan?«? Wie klingen Ihre Ausreden?

Unsere persönlichen Dramen – unser Schmerz, unsere Klagen oder unsere Enttäuschung – werden oft zu unserem

Scheingrund dafür, dass wir unsere großartigen Persönlichkeiten nicht manifestieren. Unsere Dramen beanspruchen so viel Raum in unserem Dasein, dass die meisten von uns sich ohne sie nicht erkennen würden. Um uns von unseren Dramen zu lösen und unsere eingeschränkte Perspektive zu überschreiten, sollten wir unbedingt aufhören, uns daran zu klammern.

Ein schnelles Verfahren, mit dessen Hilfe Sie erkennen können, ob Sie sich in Ausreden flüchten, besteht darin, sich die folgenden Fragen zu stellen:

1. Ist dies die Wahrheit oder eine Ausrede, die ich schon früher gehört habe?
2. Würde [Name einer Person, die Sie bewundern und respektieren] dies für die Wahrheit oder für Ausflüchte halten?
3. Bin ich für diese Entscheidung verantwortlich oder ziehe ich andere, Gott oder das Leben dafür zur Rechenschaft?

Lassen Sie mich ein Beispiel geben: Eine meiner bevorzugten Ausreden war, dass ich zu beschäftigt sei, um mich zu amüsieren und Urlaub zu machen. Ich pflegte mich ständig zu hören, wie ich mich beklagte, während ich die dramatische Story erzählte, wie viel Arbeit ich zu erledigen hätte. Doch eines Tages nagelte mich meine Freundin Danielle fest, indem sie mich fragte: »Debbie, wer ist für deinen Terminkalender verantwortlich?« Obwohl ich wusste, dass ich diejenige war, bei der die Verantwortung dafür lag, hatte ich tausend Vorwände dafür, warum ich so beschäftigt bleiben müsste: »Mein Verleger ist schuld«, »Meine Schwester ist schuld«, »Mein Agent ist schuld«, »Meine Angestellten sind schuld; sie brauchen mich« ... All diese Ausreden machten mich ohnmächtig, ich war ein großes Opfer. Blindlings akzeptierte ich diese Scheingründe als Wahrheit. Doch dann hielt ich inne und fragte mich: »Ist das die Wahrheit oder ist das eine Vorspiegelung, die ich schon gehört habe?« Meine Antwort war eindeutig: »Ich habe das früher schon zu oft gehört.« Daraufhin dachte ich an meine Freundin Cheryl und fragte mich: »Würde sie das für die Wahrheit oder eine Ausrede halten?« Mir war sofort klar, dass Cheryl mich bei der Einsicht unterstützen würde, dass niemand in der Welt außer mir mein Wohlbefinden zu einer Priorität machen könnte und ich andere als Vorwand dafür benutzte, um nicht die Verantwortung für meine Zeitplanung zu übernehmen. Als Nächstes fragte ich mich: »Mache ich andere, Gott oder das Leben für meine Lebensumstände verantwortlich?« Meine Antwort? »Absolut!« In diesem Augenblick merkte ich, dass meine Gründe einfach eine Form von Ausflucht waren, die mir das Gefühl gab, ein ohnmächtiges Opfer meines eigenen Lebens zu sein. Ich erkannte, dass ich, um mehr Spaß und Freizeit in meinem Leben zu genießen, lediglich aufhören musste, Scheingründe vorzuschieben und für meine Entscheidungen Verantwortung zu übernehmen. Und so geschah es.

Vor kurzem hatte ich bei einem Vortrag, den ich für die Teilnehmer an einem meiner Coachingprogramme hielt, eine weitere Gelegenheit, festzustellen, wo ich in meinem Leben vielleicht Ausreden benutzte. Ich war ganz sicher, dass ich mich durch das meiste von dem, was mich zurückhielt und mich gewohnte Muster wiederholen ließ, durchgekämpft hatte, aber ich schaute trotzdem hin. Dann meldete sich eine Woche nach Beginn meiner Untersuchung eine Erkältung bei mir. Meine Erkältungssymptome schienen immer dieselben zu sein: ein kratziger Hals und ein matschiger Körper. Ich kannte diese Symptome nur zu gut. Anscheinend holte ich mir immer irgendeine Art von Erkältung, die mich zum Stillstand brachte und ein paar Tage lang ans Bett fesselte. Manchmal versuchte ich, sie zu unterdrücken, indem ich meinem Körper mit jedem mir bekannten Mittel voll pumpte; manchmal pflegte ich ihr dagegen einfach nachzugeben, die Krankheit zuzulassen und zu Hause zu bleiben. In jener Woche war ich ungewöhnlich beschäftigt und hatte deshalb das Gefühl, ich könne es mir nicht leisten, krank zu werden. Doch mitten in meiner üblichen Kur mit Vitamin C und Astragalus [ein traditionelles chinesisches Tonikum] kam mir eine verblüffende Einsicht: Mich zu erkälten, war eine Ausrede. Ich war sprachlos. Plötzlich ging mir ein Licht auf, und ich konnte klar erkennen, dass ich jedes Mal, wenn ich Ruhe brauchte, jedes Mal, wenn ich mir zu viel aufgeladen und zu viele Verpflichtungen auf mich genommen hatte, eine Erkältung bekam. Das war meine Ausrede, meine Begründung, mein Alibi – meine Methode, um alle wissen zu lassen, dass ich außer Dienst war und nicht mehr verkraften konnte. In den meisten Fällen diente eine Erkältung jedoch als Ankündigung: »Erwartet nichts mehr von mir.« Und im Rückblick auf meine Kindheit konnte ich erkennen, dass hinter dem Krankwerden immer ein bestimmtes Muster stand und dass ich auf diese Weise mehr Zuwendung von meinen Eltern bekam.

An jenem Abend ging ich ganz verwundert über meine Erkenntnis zu Bett, doch ich hatte immer noch das Gefühl, dass ich irgendetwas ausbrütete. Während ich im Bett lag, machte ich eine Liste mit allen Maßnahmen, die ich ergreifen könnte, um mich zu pflegen, anstatt krank zu werden. Während ich meine Augen schloss und mir ein paar Minuten Zeit nahm, um nach innen zu schauen, gelang es mir ohne Mühe, Zugang zu den Antworten zu finden: Ich hatte unbedingt dafür zu sorgen, dass ich in jeder Woche genügend Zeit für mich selbst finde. Vor allem erklärte mir meine innere Weisheit, dass ich jeden Tag mindestens eine Stunde für Gebet und Meditation reservieren sollte. Zusätzlich sollte ich jeden Monat einen »Debbie-Tag« einplanen, um etwas zu unternehmen, was mein Wohlbefinden förderte.

Ich habe festgestellt, dass ich relativ gesund und fit bleibe, wenn ich keine Ausreden benutze und mich nicht überfordere. In vielen Fällen, in denen ich jetzt das Gefühl habe, irgendetwas auszubrüten, aber mir klar mache, dass Krankwerden einfach meine Ausrede ist, um mir selbst mehr Zuwendung zu schenken, kann ich beschließen, mir Zeit zu nehmen, um mir die notwendige Aufmerksamkeit zu widmen, selbst wenn das bedeutet, Pläne zu streichen und Menschen zu enttäuschen. Das Aufgeben unserer Ausreden erweckt in uns das kraftvolle Bewusstsein, Verantwortung für unser Leben zu übernehmen.

Wenn wir Verantwortung übernehmen, gewinnen wir Zugang zur vollen Kraft unser Menschlichkeit. Wir lassen die Grenzen, die uns unsere Storys setzen, hinter uns und dringen über unsere Schattenkonzepte hinaus, über jene Überzeugungen, die uns einreden: »Du schaffst es nicht.« Wir gewinnen das machtvolle Wissen, dass wir unsere Wünsche und Träume mitgestalten können. Verantwortung zu übernehmen für alles, was wir sind, ist das größte Geschenk, das wir uns selbst machen können, denn das macht uns ganz. Es ermächtigt und unterstützt uns, während wir unser ganzes Potenzial zu realisieren beginnen.

Schließen Sie Ihre Augen und atmen Sie zu diesem Gedanken ein: Im selben Moment habe ich die angeborene Kraft, die Richtung meines Lebens zu ändern. Fühlen Sie sich stark oder schwach? Es gibt nichts Aufregenderes für uns, als zu wissen, dass wir die Kraft zur Veränderung besitzen. Wir sollten entscheiden, wie wir die Welt betrachten wollen. Entweder lassen wir uns von der Möglichkeit inspirieren, Mitschöpfer jedes Ereignisses in unserem Leben zu sein, oder wir verharren in der Opferrolle durch unsere Schattenkonzepte, die uns unsere Kraft rauben, indem sie uns weismachen, dass wir nicht verdienen, alles zu erreichen.

Selbst wenn Sie im Innern Ihrer Story gelebt haben, in dem Glauben, dass andere oder die Umstände an allem schuld seien, haben Sie die Macht, damit aufzuhören oder es anders zu machen, wenn Sie sich sagen können: »Ich habe es selbst getan.« Die Stimme der Macht sagt: »Ich tue es selbst. Ich habe es geschaffen. Ich bin dafür verantwortlich. Ich kann es ändern.« Die Stimme der Ohnmacht sagt: »Ich kann nichts machen. Sie haben es mir angetan. Ich komme da nicht raus.« In einem jeden Augenblick Ihres Lebens haben Sie die Gelegenheit, zu wählen, in welcher Welt Sie leben wollen. Dies ist Ihre Chance, Ihre Welt zu bestimmen.

Machtvoll... ohnmächtig – Sie haben die Wahl.

Schritte zur Heilung

1. Machen Sie eine Liste aller Bereiche in Ihrem Leben, in denen Sie Begrenzung und Frustration erfahren oder nicht all das erhalten, was Sie sich wünschen. Schließen Sie nun Ihre Augen, atmen Sie tief in Ihr Herz und geben Sie sich die Erlaubnis, völlig ehrlich zu sein. Mit immer noch geschlossenen Augen stellen Sie die folgenden Fragen in Ihrem Tagebuch und notieren alles, was in Ihrem Inneren dazu aufsteigt:
   - Wem mache ich Vorwürfe wegen meiner Lebensumstände?
   - Wen beschuldige ich jedes Mal, wenn es mir nicht gelingt, mein volles Potenzial zu verwirklichen?

- Welche Verhaltensweisen, welche Abhängigkeiten und welche selbstzerstörerischen Muster benutze ich, um mir zu beweisen, dass ich Unrecht erlitt oder schlecht behandelt wurde?
- Welchen Nutzen habe ich davon, wenn ich andere für meine Realität verantwortlich mache? Was erreiche ich, wenn ich mir etwas vormache, etwas negiere oder vermeide?

2. Machen Sie auf einem anderen Blatt Papier eine Liste mit allen Vorwänden, durch die Sie zu begründen versuchen, warum Sie Ihre Herzenswünsche nicht erfüllen können. Wenn Sie damit fertig sind, lesen Sie Ihre Liste laut vor. Dann schließen Sie wieder die Augen und gehen nach innen. Atmen Sie ein paar Mal tief und stellen Sie sich die folgenden Fragen. Anschließend schreiben Sie alle Einsichten auf, die Sie empfangen:

- Wie viele Jahre benutze ich diese Ausreden schon?
- Was ist das Bedürfnis, das meine Ausflüchte erfüllen?
- Zu welchen Gefühlen und Erfahrungen, die mir jetzt nicht zugänglich sind, hätte ich Zugang, wenn ich meine Scheingründe fallen ließe?

Kontemplation

Heute beschließe ich, die totale und vollständige Verantwortung für meine Realität zu übernehmen. Das gefällt mir.

— 6 —

Die Kraft des Prozesses

Wir werden in unserer Story verharren, bis wir alle Lektionen und die notwendige Weisheit empfangen haben, um unseren einzigartigen Beitrag in der Welt zu leisten. Deshalb ist es für uns wichtig, zu begreifen, dass wir unsere Story selbst geschaffen haben – mit ihrem ganzen Glanz und ihrem ganzen Elend –, um die besonderen Lektionen zu lernen, die wir am nötigsten haben. Unsere Story enthält die ganze Weisheit, die wir brauchen, um zu den Menschen zu werden, die wir sein möchten. Die Lektionen sind für jeden von uns verschieden – wie es Deepak Chopra so schön ausdrückt: »Wir sind durch verschiedene Gärten spaziert, wir haben an verschiedenen Beerdigungen geweint, und wir haben an verschiedenen Gräbern gekniet.« Jeder erlebt andere Momente des Erfolgs und des Scheiterns, und jeder lernt andere Lektionen. Aber die göttliche Führung hat an allen Erfahrungen unseres Lebens mitgewirkt; sie hat uns immer klarer gezeigt, wer wir sind, und uns das gegeben, was wir benötigen, um unsere einzigartige Bestimmung zu erfüllen. Unsere Lebensstory hat jeden von uns mit besonderen Fähigkeiten und einer einmaligen Mischung von Weisheit ausgestattet, und es ist unsere Aufgabe, diese an die Welt weiterzugeben.

Um außerhalb unserer Story zu leben, müssen wir mutig durch unser Leben mit all seinen Dramen schreiten und damit beginnen, alles, was wir sind, ebenso wie alles, was wir nicht sind, zu umarmen und zu lieben. Wir müssen uns die Zeit nehmen, jedes einzelne Kapitel unseres Daseins zu betrachten und die Stellen aufzudecken, an denen wir immer noch feststecken, unter Verletzungen leiden oder unvollständig sind. Wir sollten uns ernsthaft bemühen, unseren Groll loszulassen, und aufhören, den anderen die Schuld an unseren Lebensumständen zu geben. Wir sollten bereit sein, die Verantwortung für unsere gegenwärtige Situation zu übernehmen und alles unnötige Gepäck abzuladen, das wir noch aus unserer Vergangenheit mit uns herumschleppen. Wir sollten uns daranmachen, den Pfad durch unsere persönlichen Dramen zu beschreiten, und endlich Frieden mit unserer Story schließen.

Aufhören, den Wohlfühlmomenten nachzujagen

Millionen Menschen haben Milliarden Dollar dafür ausgegeben, tiefere Stufen des Seelenfriedens zu erlangen – ohne etwas davon zu haben. Anderen ist es gelungen, gewisse Fortschritte dabei zu machen, ihr Leben in besserem Licht zu sehen und in ihren Gedanken, ihren Wandschränken und ihren Beziehungen aufzuräumen. Andere wiederum suchen weiter in dem verzweifelten Bemühen, die richtige Antwort zu finden – die Antwort, die sie von ihrem Leiden befreit. Aber da gibt es keinen Ausweg. Indem wir unserem Schmerz aus dem Weg gehen, halten wir unser Drama am Laufen und schleppen unsere Vergangenheit jeden Tag mit uns herum. Es ist nahezu unmöglich, einzuschätzen, wo wir uns gerade befinden und was wir gerade tun, wenn die Vergangenheit direkt unter der Oberfläche unseres Bewusstseins lauert, jede unserer Bewegungen verfolgt und uns immer wieder an unsere Niederlagen und Traumata erinnert. Um Frieden mit unserer Story zu schließen, müssen wir uns verpflichten, von allen Verhaltensmustern abzulassen, mit denen wir unseren Schmerz betäuben. Wenn wir diese Muster genau betrachten und bereit sind, die Wahrheit zu sagen, werden wir wahrscheinlich erkennen, dass die meisten der Verhaltensweisen, mit denen wir uns betäuben, nicht besonders gut funktionieren. Um uns heilen zu können, sollten wir aufhören, den so genannten Wohlfühlmomenten nachzujagen.

Der folgende Prozess bietet Ihnen eine Methode an, um dem endlosen Kreislauf der Unzufriedenheit zu entkommen. Es ist kein bequemer Weg, aber ich glaube nicht, dass es einen bequemen Weg gibt. Ich kann Ihnen jedoch versichern, dass der direkte Weg zu dauerhafter Harmonie und Befriedigung leichter zu gehen ist als der verschlungene Pfad ständigen Suchens, Probierens und Scheiterns.

Ein Leben zu führen, bei dem wir in unserem tiefsten Kern das Gefühl haben, dass irgendetwas mit uns nicht stimmt – dass wir nicht gut genug oder nicht wichtig sind –, kommt einer Hölle gleich, die schwer zu ertragen ist. Das gilt auch für ein Leben, in dem unsere Träume uns immer einen Schritt voraus sind. Die Hoffnungslosigkeit, die Unzufriedenheit und der scheinbar endlose Abgrund emotionaler Schmerzen töten unseren Geist und trennen uns von unserem ganz außergewöhnlichen Selbst. Nichts ist schlimmer für den menschlichen Geist. Nichts schwächt unsere Lebenskraft mehr als der Glaube, wir seien voller Fehler und Mängel oder grundsätzlich hoffnungslos.

Alles annehmen

Der Prozess, mit unserer Story Frieden zu schließen, verlangt von uns, alles zu identifizieren, zu begreifen, zu akzeptieren und anzunehmen, was uns in unserer Vergangenheit Schmerz bereitet hat. Der Prozess ist derselbe – ob wir versuchen, ein schmerzliches Ereignis zu heilen, ein Schattenkonzept zu integrieren oder mit einem unerwünschten Aspekt unserer selbst ins Reine zu kommen. Ob wir unter Depression, Krankheit, Unzufriedenheit, unter einem Gefühl der Unwürdigkeit, unter Arroganz oder mangelnder Selbstachtung leiden, der Weg zur Heilung ist derselbe. Wir verarbeiten die Kindheit mit einer wütenden Mutter auf dieselbe Weise wie den sexuellen Missbrauch durch einen Cousin. Wir verarbeiten die Enttäuschung über den Verlust der Arbeit auf dieselbe Weise wie die Wut auf eine Person, die uns das Herz gebrochen hat. Eines mag schmerzlicher sein, das andere mag tiefere Narben zurücklassen, aber der Pfad zur Heilung bleibt derselbe. Während wir die innere Reise des Akzeptierens unserer Story mit all ihren Bestandteilen machen, beginnen wir, das Leben zu erkennen, das vor uns liegt, ein Leben, das uns die Gabe unseres unvergänglichen Selbst beschert. Sobald sie verstanden und verarbeitet sind, werden uns unsere Traumata und Niederlagen tief nach innen zu unserer göttlichen Essenz führen.

Das Geschenk im Innern des Schmerzes finden

Die Fragen, die direkt unter der Oberfläche unseres Bewusstseins liegen, sind die Klumpen in unserem Teig. Diese ungeheilten Wunden hindern uns daran, die Begrenzungen dessen, für das wir uns halten, zu überschreiten. Sie bilden auch den Leim, der unsere Story zusammenhält. Diese Klumpen mögen belanglos erscheinen, sie korrespondieren aber oft mit sehr viel tieferen Problemen. Zum Beispiel wollte ich in meinen Zwanzigerjahren wirklich sportlich sein. Ich bewunderte die Leute, die Tennis spielten, zum Skilaufen gingen oder an anderen sportlichen Veranstaltungen teilnahmen. Viele meiner Freunde und Familienmitglieder waren gute Sportler, aber ich bildete mir ein, zu knochig und zu schwach zum Mitmachen zu sein. Dann begann ich mich für einen Tennisprofi namens Kevin zu interessieren. Eines Tages fragte mich Kevin, warum ich nicht Tennis spielte wie mein Bruder und meine Schwester. Sofort legte ich mit meiner Story los, wie man mir niemals Mut gemacht hätte, Tennis zu spielen, weil ich nicht dafür gebaut sei. Man erzählte mir, ich sei nicht kräftig und koordiniert genug und es sei für eine Linkshänderin wie mich schwieriger. Mit einem spöttischen Gesichtsausdruck wollte Kevin von mir wissen, wie alt ich war, als man mir so etwas gesagt hatte. Ich versuchte, mich zu erinnern, wann ich diese Worte zum ersten Mal gehört hatte. Ich sah mich selbst als zehnjähriges Mädchen, das sich in seinem Körper irgendwie unbeholfen vorkam. Ich konnte immer noch das vertraute Gefühl der Unzulänglichkeit und der Schande spüren, nicht dazuzupassen. Während ich die Tränen zurückhielt, die mir diese emotionale Verletzung verursachte, ließ ich Kevin an all den Momenten teilnehmen, in denen ich an der Seitenlinie sitzen musste und glaubte, dass mit mir körperlich irgendetwas nicht stimmte. Diese schmerzlichen Erinnerungen hatten mich jahrelang verfolgt und mich davon abgehalten, jemals einen neuen Sport zu probieren oder sogar am Strand Volleyball zu spielen. Kevin hörte aufmerksam zu und sagte dann mit verführerisch blitzenden Augen: »Es sieht nicht so aus, als ob jetzt irgendetwas mit dir nicht stimmen würde. Warum gehen wir nicht auf den Platz und schlagen ein paar Bälle?« Im ersten Impuls wollte ich Nein sagen, aber nach ein paar Tagen guten Zuredens folgte ich ihm und schlug meinen ersten Tennisball. Zu meiner großen Überraschung war das ganz natürlich. Ich beschloss, Tennisstunden zu nehmen, und habe seither immer Tennis gespielt.

Indem ich mich mit diesem Klumpen in meinem Teig auseinander setzte, dieser emotionalen Verletzung, die mir sagte, ich sei unkoordiniert und unzulänglich, durchbrach ich die Begrenzungen jener Story. Dieser eine Vorfall löste tausend andere Erinnerungen an jene Zeiten aus, in denen ich mir zu mager und zerbrechlich vorkam. Er ließ mich all die Gelegenheiten sehen, bei denen ich mir gewünscht hatte, kleiner, rundlicher und kräftiger zu sein. Die Auseinandersetzung mit dieser ungeheilten emotionalen Verletzung enthüllte all den Schmerz, den ich als junge Frau empfunden hatte, die sich wie eine knochige, kleine Bohnenstange fühlte. Der Schmerz über das, was ich für die demütigendste Erfahrung meines Lebens hielt, brachte mich sogar zum Weinen: Ich war auf der Tanzparty der siebten Klasse gewesen, in einem burgunderroten Samtkleid, das meine Tante Laura mir genäht hatte, als Todd Halpren, ein beliebter Junge an meiner Schule, mich auf die Bühne holte, während der Sänger der Band aus voller Kehle schmetterte: »Wer ist das Mädchen da mit den dünnen Beinen?« Von Scham überwältigt, wollte ich meinen Fuß nie wieder in jene Schule setzen.

Meine Magerkeit war mein größter Horror. Ich versuchte sogar, sie unter doppelten Shorts und doppelten Hosen zu verbergen. Ich stand stundenlang vor dem Spiegel, wo ich ohne Erfolg versuchte, mein Aussehen zu verbessern. Um die Wahrheit zu sagen, in meiner ganzen Jugendzeit hielt ich mich für eine Art von Olive Oyle, der Partnerin des bekannten Seemanns Popeye, mit üppigem Haar. Ja, ich trug mein Haar jahrelang sehr üppig, weil ich meinte, anderen so vortäuschen zu können, ich wäre kräftiger, als ich wirklich war. Jahrelang quälte ich mich in dem Glauben, dass ich dazupassen würde und okay wäre, wenn ich nur einen anderen Körper hätte. Während ich nun diesen Klumpen verarbeitete, entdeckte ich, dass all mein Schmerz in der Tat Geschenke in sich barg. Weil ich kreativ zu sein hatte, um die Kleider zu finden, die zu meiner schlanken Figur passten, lernte ich alles über Mode, Stil und Farbe. Von dreizehn an arbeitete ich in Geschäften für Damenmode, in denen ich Kleider verkaufte und Frauen half, den passenden Stil zu finden. Ich war gut bei meiner Arbeit, denn ich hatte ein Gefühl dafür, wie sehr es schmerzt, einen Körper zu haben, der den eigenen Wünschen nicht entspricht.

Das Offenlegen all meiner emotionalen Traumata ermöglichte mir eine neue Beziehung zu meinem Körper. Anstatt ihm zu grollen, weil er dünn und schwach war, befand ich mich nun in der Lage, die Eleganz und Beweglichkeit meiner langen, schlanken Gliedmaßen zu akzeptieren. Diese Zutat in meinem Rezept hat mir auch als Erwachsene genutzt. Sie half mir, als ich Medientrainerin und Imageberaterin war. Selbst heute, bei meinen Coachingprogrammen, in denen ich anderen beibringe, wie man Seminare abhält und vor Menschen agiert, besteht eine meiner Gaben darin, die Menschen dabei zu unterstützen, zu ihrem natürlichen Stil zurückzufinden, sodass ihr Aussehen ihrer Botschaft nicht im Weg steht.

Wir schaffen eine Story um jedes Ereignis in unserem Leben. Die Storys legen unsere inneren Grenzen fest, die bestimmen, was wir können und was nicht. Wir sollten uns darüber im Klaren sein, dass jedes dieser kleinen Dramen, jeder Klumpen in unserem Teig in die größeren Geschichten unseres Lebens eindringt. Ich wäre nie darauf gekommen, dass mein Gefühl der Unzulänglichkeit im Bereich des Sports nur die Spitze eines Eisbergs war und mich dazu bringen würde, ein tieferes Problem mit meinem Körper aufzudecken und zu heilen. Indem ich den Schmerz meiner Vergangenheit annahm, konnte ich die Begrenzungen meiner Story überwinden und Zugang zu größerer Lebensfreude finden.

Wo sind deine Klumpen?

Unsere emotionalen Verletzungen hindern uns daran, aus unseren Storys herauszutreten, weil der Schmerz uns wie ein unsichtbarer Zaun im Innern gefangen hält. Wir machen im Leben Tausende von Erfahrungen, doch nur ganz bestimmte davon, die immer wieder ablaufen, bleiben in unserem Bewusstsein zurück. Dies sind die Klumpen in unserem Teig, manchmal sichtbar, manchmal versteckt. Doch so oder so, wir müssen sie aufspüren und integrieren.

Nehmen Sie sich jetzt einen Moment Zeit und schließen Sie die Augen. Atmen Sie tief ein und fragen Sie sich: »Welches Ereignis aus meiner Vergangenheit verursacht in mir immer noch Schmerz, Zorn und Bedauern?« Irgendetwas wird aufsteigen, und wenn das geschieht, haben Sie gerade einen der Klumpen in Ihrem Teig entdeckt. Dabei spielt es keine Rolle, ob das zwei Tage oder 22 Jahre zurückliegt. Wenn Sie die Freiheit wünschen, Ihre Story zu benutzen, statt von Ihrer Story benutzt zu werden, müssen Sie alle Aspekte Ihres Dramas integrieren.

Die Klumpen in unserem Teig sind nichts anderes als die unverarbeiteten Geschehnisse unserer Vergangenheit. Sobald wir aufdecken und akzeptieren, was jeder Klumpen enthält, können wir beginnen, alle Zutaten unseres Rezepts zu integrieren.

Integration erfolgt spontan, wenn wir die Gaben unserer Vergangenheit entdecken. Verborgen im Dunkel unserer schmerzlichsten Zeiten liegen die Lektionen, die wir zu lernen haben. Integration erfordert, dass wir unser Leben als Lernmaterial betrachten und alles ehren, was uns widerfahren ist. Sobald wir unsere Vergangenheit und alles darin als unseren Lehrer und Führer ansehen können, werden wir erkennen, dass wir alle Zutaten in unserem Rezept vollständig integriert haben. Wir werden nicht mehr unsere Zeit mit der Frage verschwenden, warum bestimmte Dinge mit uns geschehen sind, und unseren Storys nicht länger Widerstand leisten. Integration bedeutet Freiheit. Wir werden endlich dazu fähig, aufzuhören – mit dem Versuch aufzuhören, die Story unseres Lebens »in Ordnung zu bringen«, zu ändern oder zu verbessern. Stattdessen werden wir auf dem Weg aus unserer Story heraus einen wichtigen Schritt vorangekommen sein.

Die Klumpen verarbeiten

Als Allie acht Jahre alt war und in die zweite Klasse ging, brachte ihre Mutter sie eines Morgens zur Schule. Bevor sie wieder losfuhr, umarmte ihre Mutter sie und sagte ihr, dass sie um zwei Uhr zurückkommen werde, um sie abzuholen. Nach der Schule ging Allie an die Stelle, wohin alle Väter und Mütter kamen, um ihre Kinder abzuholen. Allie fand auch gleich einen Platz und wartete dort unruhig, denn sie wollte nach dem langen Schultag schnell nach Hause. Doch Allie sah, wie ein Auto nach dem anderen vorfuhr, sich mit Kindern füllte und wegfuhr. Nach zwanzig Minuten waren alle Schulkameraden verschwunden, aber sie war allein zurückgeblieben. Da sie nicht wusste, was sie tun sollte, hielt sie auf der Straße ständig Ausschau nach ihrer Mutter. Aber ihre Mutter kam nicht. Als der Parkplatz schließlich ganz leer war, fühlte sich Allie verlassen und hatte große Angst. Sicher hatte ihre Mutter sie vergessen, und da sie sich keinen anderen Rat wusste, machte sie sich allein auf den Heimweg. Sie fühlte sich verlegen und schämte sich, weil sie vergessen worden war; daher ließ Allie Schultern und Kopf hängen, in der Hoffnung, dass niemand, den sie kannte, sie erkennen würde.

An jenem Tag traf Allie ein paar Entscheidungen, die ihr weiteres Leben maßgeblich beeinflussen würden. Sie kam zu dem Schluss, dass etwas mit ihr nicht stimmte und dass dies der Grund war, warum man sie allein stehen ließ. Dies wurde zu Allies Story. Allie gab dem Vorfall die Bedeutung, dass sie nicht dazugehöre und deshalb nicht geliebt werde. Damals beschloss sie ebenfalls, dass sie sich nicht auf andere Menschen verlassen könnte. Als sie zwanzig Jahre nach diesem Vorfall bei mir saß, konnte sie immer noch spüren, wie ihr dieser Schmerz das Herz zerriss. Wir hatten gerade einen unverarbeiteten Klumpen in Allies Teig gefunden, einen Klumpen, der sie bis zu diesem Tag umtrieb und den Grad der Intimität, den sie in persönlichen Beziehungen erfuhr, und das Maß an Verantwortung, das sie bei der Arbeit anzunehmen bereit war, begrenzte. Allie wollte unbedingt die Lektionen aus diesem schmerzlichen Vorfall lernen, seine Gaben entdecken und in ihrem Leben weiterkommen.

Ich bat Allie, eine Liste mit all ihren gegenwärtigen Verhaltensweisen zu machen, die sich aus den Folgerungen jenes Tages ableiteten – dass sie unwichtig und ein schlechtes Mädchen war. Ich bat sie, über alles zu schreiben, wodurch jene Folgerungen ihr Leben negativ beeinflusst hatten. Allies Liste sah so aus:

- Ich sollte mir immer größte Mühe geben, um zu den Leuten besonders nett zu sein, und mein Möglichstes tun, um sie glücklich zu machen.
- Ich folge immer der Menge, damit ich nicht ausgeschlossen werde.
- Ich stecke bei meinen eigenen Bedürfnissen zugunsten der Bedürfnisse anderer Menschen zurück.
- Ich darf nicht offen aussprechen, was ich denke oder fühle, denn sonst könnte ich allein gelassen werden.
- Ich muss anderen meine ganze Kraft geben.

Danach fragte ich Allie, ob sie sehen könne, dass sie ihrer Mutter immer noch Vorwürfe mache, weil sie an jenem Tag vergessen worden sei. Obwohl Allie eine gute Beziehung zu ihrer Mutter hatte, konnte sie erkennen, dass sie wegen jenes Vorfalls immer noch einen gewissen Groll hegte. Sie konnte auch sehen, dass sie ihrer Mutter jedes Mal, wenn sie eine der Verhaltensweisen aus ihrer Liste an den Tag legte, unbewusst Vorwürfe machte. Da Allie jahrelang Therapien gemacht und auf andere Weise an sich gearbeitet hatte, war sie ganz verblüfft, als sie entdeckte, dass sie ihrer Mutter immer noch die Schuld gab. Ich fragte Allie dann, was sie davon habe, wenn sie jenen Vorfall festhalte. Langsam antwortete sie: »Das bestätigt mich in meiner Überzeugung, dass man sich wirklich auf niemanden verlassen kann und die Leute nicht da sind, wenn man sie braucht.«

Der nächste Schritt für Allie bestand darin, nachzudenken und all die Gelegenheiten zu notieren, bei denen sie sich in ihrem Leben ähnliche Szenarios zurechtgelegt hatte. Schließlich gab es ihr einen gewissen Trost, die Wahrheit ihrer eigenen Story zu bestätigen. Allie entdeckte, dass sie sich in mehr als fünf anderen Beziehungen beweisen konnte, dass sie unwichtig war und die Leute nicht für sie da waren. Es war eine vertraute Story, die sie nur zu gut kannte. Allie hatte diese Rolle unzählige Male in ihrem Leben gespielt – nicht nur in ihren wichtigeren Beziehungen, sondern auch bei weniger bedeutsamen Vorkommnissen; so zum Beispiel, wenn sie es zuließ, bei einer Beförderung übergangen zu werden, oder es hinnahm, wenn sich andere Leute beim Anstehen in der Drogerie vordrängten. Jedes Mal, wenn sie ignoriert oder zurückgelassen wurde, empfand Allie nicht nur die Befriedigung, Recht zu haben, wenn sie sich unwichtig fühlte, sondern es gab ihr auch die Gelegenheit, ihrer Mutter immer wieder den Vorwurf zu machen, dass sie sie an jenem Tag allein gelassen hatte. Nachdem sie eine Arbeit verloren hatte und eine weitere Beziehung gescheitert war, fand Allie sich jetzt, zwanzig Jahre später, bereit, diesen Vorfall mit all seinem Schmerz zu integrieren.

Nun forderte ich Allie auf, ihre Augen zu schließen, den Blick nach innen zu richten und sich zu fragen, was sie tun müsste, um die Auswirkungen dieses Vorfalls zu überwinden. Sie sagte, sie wünsche sich von ihrer Mutter einen Brief, in dem sie ihr mitteile, wie Leid es ihr tue, und den Schmerz anerkenne, den ihr damaliges Verhalten verursacht habe. Allie war sich nicht sicher, ob ihre Mutter dazu bereit war, aber sie hatte das Gefühl, sie trotzdem darum bitten zu müssen. Ich erklärte ihr, dass sie genauso gut aus der Perspektive ihrer Mutter einen Brief an sich selbst schreiben könne, wenn die Mutter ihren Wunsch ablehne. Allie rief ihre Mutter an, und obwohl diese sich kaum an jenes Ereignis erinnern konnte, war sie gern bereit, den gewünschten Brief zu schreiben, denn sie wusste, dass er Allies Heilung unterstützen würde. In diesem Brief schrieb ihre Mutter:

»Liebste Allie,
in diesem Brief möchte ich mich für den Vorfall entschuldigen, über den du das letzte Mal mit mir gesprochen hast. Wie verletzt du als kleines Mädchen gewesen sein musstest, als ich dir versprochen hatte, dich von der Schule abzuholen, und nicht erschienen war. Es tut mir wirklich Leid, dass du diese Erfahrung machen musstest. Ich wünschte, ich könnte die Vergangenheit ändern, aber ich kann es nicht. Ich kann mir all die Angst und Verlassenheit, die du damals gefühlt haben musstest, nicht vorstellen, und ahne nicht, wie verstört du gewesen sein musstest. Als du mit mir darüber gesprochen hast, konnte ich aus deiner Stimme all den Schmerz und das Leid heraushören, die du erfahren hast.
Ich möchte dir sagen, wie Leid mir jener Vorfall tut. Du bist mir das Liebste auf der Welt. Ich habe niemals beabsichtigt, dich in irgendeiner Weise zu verletzen. Ich bin froh, dass du mit mir über diesen Vorfall gesprochen hast, damit diese Erfahrung geheilt werden kann. Ich hoffe, dass dieser Brief etwas von deiner Verletzung zu heilen vermag und dir hilft, die Sache abzuschließen. Wenn ich irgendetwas tun kann, um dir dabei zu helfen, lass es mich bitte wissen. Ich liebe dich und will die ganze Verantwortung übernehmen. Bitte, verzeih mir!
In Liebe,
deine Mutter«

Allie las diese Worte und weinte, halb aus Trauer, halb aus Freude: die Trauer des verlassenen und einsamen kleinen Mädchens und die Freude der erwachsenen Frau, die vom Schmerz ihrer Vergangenheit geheilt wird.

Nachdem Allie den Brief ihrer Mutter ein paar Tage mit sich

herumgetragen hatte, war sie bereit, in einem nächsten Schritt die Weisheit, die dieses Trauma für sie bedeutete, herauszufinden. Wieder bat ich Allie, ihre Augen zu schließen und zu überlegen, was sie aus jenem Vorfall gelernt habe. Allie erzählte mir, dass sie wegen jenes Ereignisses beschlossen habe, niemals zuzulassen, dass andere Menschen sich unwichtig oder ausgeschlossen vorkommen. Deshalb war sie eine verantwortungsbewusste, zuverlässige und vertrauenswürdige Freundin und Familienangehörige geworden. Während sie mich nicht mehr mit dem schmollenden Ausdruck eines verletzten Kindes, sondern mit der Gewissheit einer erwachsenen Frau anschaute, sagte sie: »Wenn ich sage, ich werde da sein, dann werde ich da sein, ganz gleich, was passiert. Für Menschen da zu sein, hat in meinem Leben Vorrang. Ich habe ein Herz für die Bedürfnisse anderer Menschen und versuche immer, ihnen zu zeigen, wie wichtig sie sind.« Darauf fragte ich Allie, auf welche Weise ihr diese Gaben in ihrem Leben genutzt hätten. Es war leicht zu erkennen, wie ihre Wärme und Fürsorge vielen Menschen geholfen hatten und wie sie Allie dazu bewegten, Kinder zu unterstützen, sie zu unterrichten und für sie zu sorgen. Angesichts dieser Gaben konnte Allie die Weisheit und den Nutzen würdigen, die sie aus jenem Trauma gewann, das sie so lange verfolgte. Ich erklärte Allie, dass ihre Gefühle der Unwichtigkeit und des Verlassenseins sehr wahrscheinlich wieder auftauchen würden, weil sie sie über so lange Zeit mit sich herumgetragen hatte. Das Problem war nicht, wie sie jene Gefühle loswerden könnte, sondern freundlich und mitfühlend zu sich selbst zu sein, selbst wenn sie jene Gefühle gerade empfände. Ich beruhigte Allie mit dem Hinweis, dass sie den Schmerz als Teil ihres Rezepts nutzen könne, indem sie sich selbst liebe und annähme, auch wenn sie sich unwichtig und verlassen vorkam.

Wir waren uns beide darin einig, dass die aus ihrem Schmerz erwachsenen Qualitäten für sie in Zukunft besonders wichtig sein würden.

Der Integrationsprozess in Einzelschritten

Bei Allie habe ich einen bestimmten Prozess zum Einsatz gebracht, um ihr bei der Transformation von einem gequälten kleinen Mädchen zu einer selbständigen Frau, die sich ihrer Kräfte und einzigartigen Gaben bewusst ist, zu helfen. Dieser Prozess funktioniert unabhängig von den spezifischen Details in der individuellen Story:

1. *Decken Sie das Problem oder die emotionale Verletzung auf, die Ihnen gegenwärtig Schmerz bereitet.*
   Das könnte etwas sein, was sich in Ihrer gegenwärtigen Wirklichkeit ereignet, wie eine schwierige Beziehung oder ein andauerndes Problem mit Ihrem Körper oder Ihren Finanzen. Oder es könnte ein Ereignis aus Ihrer Vergangenheit sein, das Ihnen immer noch das Gefühl gibt, traumatisiert, verwundet oder schikaniert worden zu sein. Sobald Sie diesen Klumpen in Ihrem Teig gefunden haben, beginnen Sie mit der Frage: »Was für ein Gefühl gibt mir das?«

2. *Schließen Sie die Augen und fragen Sie sich: Wann habe ich früher dieselben Gefühle gehabt? An welchen Vorfall aus meiner Vergangenheit erinnert mich das?«*
   Lassen Sie eine Szene aus einer früheren Zeit in Ihrem Leben im Bewusstsein aufsteigen und betrachten Sie diesen Vorfall in so vielen Einzelheiten wie möglich.

3. *Fragen Sie sich: »Welche Bedeutung habe ich diesem Vorfall für mich gegeben?«*

Die Bedeutung, die wir den Ereignissen unseres Lebens beimessen, ist die Quelle unseres emotionalen Schmerzes, nicht aber das Ereignis als solches. Jeder von uns interpretiert die Ereignisse und Umstände seines Lebens unterschiedlich. Die Bedeutung, die wir unseren Erfahrungen verleihen, bestimmt, ob wir das Ereignis nutzen, um uns zu stärken und voranzuschreiten oder um uns zu schwächen und zurückzuhalten.

Vanessa und Emma sind Schwestern, die noch klein waren, als ihr Vater die Familie verließ. Die jüngere Vanessa liebte es, ihre Mutter ganz für sich zu haben, und sie genoss den Frieden und die Ruhe im Haus, wenn sie nicht anhören musste, wie ihre Eltern sich stritten. Emma reagierte ganz anders auf dieselbe Situation. Für sie bedeutete der Auszug des Vaters, dass sie nicht liebenswert war, und sie schämte sich, weil sie keine wirkliche Familie hatte. Dieses Ereignis bildete keinen Klumpen in Vanessas Teig, aber es war ein großer Klumpen für Emma. Wenn Sie die Entscheidung aufdecken, die Sie für Ihr Leben getroffen haben, können Sie entdecken, dass dies ein wiederkehrendes Thema in Ihrer Biographie ist.

4. *Machen Sie eine Liste mit den Verhaltensweisen und wiederkehrenden Mustern, die aus dieser Entscheidung resultierten.*

Wenn Sie zum Beispiel beschlossen haben, unwürdig, nicht liebenswert oder nicht gut genug zu sein, suchen Sie nach anderen Erfahrungen, die Ihrer Meinung nach jene Entscheidung bestätigten.

5. *Suchen Sie nach der Person, die Sie für jene einschränkende Entscheidung, die Sie für sich selbst getroffen haben, verantwortlich machen und der Sie die Schuld an allem geben, was Ihnen infolge jener Entscheidung widerfahren ist.*
Sie sollten tatsächlich nach all den Mustern, Gelegenheiten und Situationen suchen, die Ihnen den scheinbaren Beweis dafür lieferten, dass Sie Recht hatten und die andere Person schuld war. Wem machen Sie Vorwürfe, wenn sich dieses Thema abspielt und Sie merken, wie Sie sich auf selbstzerstörerische Verhaltensweisen einlassen?

6. *Schließen Sie die Augen und fragen Sie sich: » Was muss für mich passieren, um diesen Vorfall zu heilen?«*
Gibt es ein Ritual, das Sie ausführen könnten und das Ihnen helfen würde, den Schmerz über jenen Vorfall zu verarbeiten? Gibt es etwas, was Sie aussprechen müssten, oder etwas, was Ihnen ein anderer sagen sollte, damit Sie sich vollkommen fühlen? Schreiben ist eine großartige Methode, um Klumpen zu verarbeiten – ganz gleich, ob Sie Ihren Gefühlen freien Ausdruck geben oder ob Sie tatsächlich einen Brief an die beteiligte Person verfassen.

7. *Entdecken Sie die Gaben, die Ihnen dieser Vorfall geschenkt hat.*
Dies ist der letzte und wichtigste Schritt in diesem Prozess. Machen Sie eine Liste von allem, was Sie aus der Erfahrung jenes Vorfalls gewonnen und gelernt haben. Wenn Sie zum Beispiel Ihr ganzes Leben lang von Ihren Eltern gedemütigt wurden und ständig zu hören bekamen, Sie seien dumm, haben Sie vielleicht den Entschluss gefasst, fleißig zu lernen, in der Schule zu glänzen und es in Ihrem Leben zu etwas zu bringen. Aber nachdem Sie nun all diese Ziele erreicht

haben, sind Sie immer noch im Groll gegen Ihre Eltern verhaftet, anstatt sich über Ihre Leistungen zu freuen. Um die Gabe aus dieser Erfahrung zu entdecken, müssen Sie jede positive Einsicht und Lektion ausfindig machen, die jenes Verhalten der Eltern Ihnen geschenkt hat. So könnten Sie sich fragen: »Welche Weisheit, die ich ohne jene Erfahrung nicht erworben hätte, kann ich der Welt bringen?« In der Kindheit als dumm bezeichnet worden zu sein, kann dazu führen, dass Sie im Umgang mit Ihren eigenen Kindern liebevoller sind. Es kann Sie dazu bringen, fleißig zu lernen, eine bessere Ausbildung zu absolvieren und viel zu lesen. Die Gaben können sich auf mannigfaltige Weise zeigen, und für jeden von uns sind diese Gaben verschieden. Sie zu erkennen, ist ein entscheidender Schritt bei unserem Heilungsprozess, denn solange wir die Segnungen in den negativen Ereignissen unseres Lebens nicht entdecken, werden jene Erfahrungen uns weiterhin kontrollieren. Um unsere Storys zu transzendieren, ist es erforderlich, allen Ereignissen, die unser Leben einschneidend beeinflusst haben, ihre Gaben, ihre Lektionen und ihre Weisheit abzugewinnen. Sobald wir jene Ereignisse annehmen, werden wir in die Lage versetzt, alles, was wir sind, in einem großen Mixer zu vermischen und die Zutaten in unserem Bewusstsein zu integrieren. Indem wir sowohl den Schmerz als auch die Gaben aus diesen Ereignissen akzeptieren, erkennen wir, wie unser Leben zu einem einzigartigen Zweck geformt und bestimmt ist. Erst dann wird der Beitrag, der in unseren persönlichen Dramen verborgen ist, offenbar werden.

Hier folgt eine andere Geschichte, welche die Wirkungsweise dieses Prozesses veranschaulicht. Versuchen Sie einmal beim Lesen jeden dieser sieben Einzelschritte zu unterscheiden.

Natalie suchte mich auf, nachdem sie mit Jeff, einem sensiblen und liebevollen geschiedenen Mann, sechs Jahre lang eine Beziehung gehabt hatte. Obwohl Jeff alle Qualitäten besaß, die Natalie sich jemals bei einem Mann gewünscht hatte, war sie einen Großteil ihrer gemeinsam verbrachten Zeit verärgert und isoliert. Aus ihr unerklärlichen Gründen fühlte sich Natalie, auch wenn Jeff sie noch so oft seiner Liebe versicherte, immer weniger wichtig für ihn als sein Sohn Jesse. Natalie erzählte mir, sie habe viel Zeit und Mühe darauf verwandt, um Jesses und Jeffs Aufmerksamkeit zu buhlen, und wenn sie verloren habe, was oft geschehen sei, habe sie sich wie ein schmollendes Kind verhalten. Bei mehreren Anlässen schloss sich Natalie sogar in ihrem Zimmer ein, als Jeff zu Besuch kam. Selbst wenn Jesse nicht da war, legte Natalie all seine Fotos weg, weil es für sie zu schmerzlich war, anzuerkennen, dass Jeff sein Herz mit einem anderen Menschen teilte.

Da mir klar war, dass ihr aktuelles Problem mit Jeff und Jesse von einer früheren ungeheilten emotionalen Wunde herrührte, forderte ich Natalie auf, ihre Augen zu schließen und in ihrer Vergangenheit nach einem Vorfall zu suchen, während dessen sie das Gefühl hatte, nicht gut genug zu sein, um die ersehnte Liebe zu erhalten. Natalie erzählte mir, ihre Mutter sei mit einem Nervenzusammenbruch ins Krankenhaus eingeliefert worden, als sie selbst elf oder zwölf Jahre alt gewesen sei. Während der Abwesenheit ihrer Mutter überschüttete ihr Vater sie mit Geschenken: mit Kleidern, Parfüm und – was für sie am wichtigsten war – seiner ungeteilten Zuwendung. Obwohl Natalie ihre Mutter vermisste, fühlte sie sich zum ersten Mal in ihrem Leben tief geliebt und ihrem Vater ganz besonders nah. Als ihre Mutter nach ein paar Monaten wieder nach Hause zurückkehrte, kam es für Natalie nicht zu der erwarteten glücklichen und frohen Wiedervereinigung. Stattdessen begann ihre Mutter zu untersuchen und nachzufragen, warum sie so viele neue Kleider, so viel Parfüm und andere Geschenke außer der Reihe bekommen habe. Ihre Mutter war eindeutig verärgert darüber, dass ihr Vater Natalie während ihrer Abwesenheit so sehr verwöhnt hatte. Plötzlich merkte Natalie, dass ihre Eltern sich wegen ihr stritten und der Vater sich von ihr zurückzog, um so das enge Band, das sie geknüpft hatten, zu durchtrennen.

Der Schmerz dieser Trennung war in Natalie noch bis heute lebendig. Ich fragte sie, welche Bedeutung sie der Distanzierung ihres Vaters für sich selbst gegeben habe. Sie erwiderte, sie habe dem für sich die Bedeutung gegeben, dass sie nicht gut genug sei, geliebt zu werden, und nicht wichtig genug, um die gewünschte Aufmerksamkeit zu erhalten.

Dann bat ich Natalie, eine Liste aller Verhaltensweisen zu machen, mit denen diese Entscheidung ihr Leben negativ beeinflusst hatte:

- Nachdem ich gespürt hatte, dass sich mein Vater von mir zurückzog, begann ich, mich verführerisch anzuziehen, in dem verzweifelten Versuch, seine Aufmerksamkeit auf mich zu lenken.
- Ich wurde wütend und reizbar, wenn der Mann, mit dem ich ging, anderen Frauen – sei es seine Mutter, seine Schwester, eine Kellnerin oder eine alte Freundin – Beachtung schenkte.
- Seit ich eine junge Frau war, hatte ich stets das Bedürfnis, die Männer in meinem Leben zu kontrollieren. Ich muss ihre Zeit regeln und wissen, wohin sie gehen und mit wem sie ausgehen.
- Ich demütigte mich selbst unzählige Male, indem ich eifersüchtig und wütend wurde, wenn ich nicht die gewünschte Aufmerksamkeit erhielt.

- Ich war so verunsichert, dass ich Beziehungen mit großartigen Männern beendete, weil ich nicht das Gefühl hatte, sie seien dazu bereit, mich zur wichtigsten Person in ihrem Leben zu machen.

Natalie sah schnell ein, wie dieser Vorfall und die daraus gezogenen Folgerungen jede Beziehung mit einem Mann in ihrem Leben beeinflusst hatten. Darauf bat ich sie, ihre Augen zu schließen und herauszufinden, wem sie die Schuld geben wollte, wenn sie sich auf diese Weise verhielt. Augenblicklich sprudelte es aus ihr heraus: »Meiner Mutter.« Natalie war angesichts dieser Antwort überrascht, denn sie hatte immer geglaubt, dass sie ihrem Vater verübelte, sich von ihr zurückgezogen zu haben. Aber in diesem Augenblick konnte sie erkennen, dass sie ihrer Mutter die Schuld daran gab, weil sie das Gefühl hatte, ihre Mutter hätte ihn gezwungen, zwischen ihnen beiden eine Wahl zu treffen. Natalie erkannte, dass sie jedes Mal, wenn sie eifersüchtig wurde oder eine weitere Beziehung sabotierte, mit dem Finger auf ihre tote Mutter zeigte und sagte: »Schau, was du mir angetan hast! Es ist alles deine Schuld!« Unter Tränen der Trauer erzählte mir Natalie, dass ihre Mutter in den letzten Tagen vor ihrem Tod im Koma gelegen habe. Genau am Abend, bevor sie starb, sei ihre Mutter aufgewacht und habe sich umgeschaut. Natalie eilte an ihre Seite, fasste ihre Hand und sagte: »Mama, ich liebe dich.« Natalies Mutter sprach dann die letzten Worte, die sie von ihr zu hören bekam: »Liebst du mich wirklich?« Natalie musste weinen, als sie mir gestand, dass jene Worte sie 25 Jahre lang verfolgt hätten. Ich fragte Natalie, welche Bedeutung sie den Worten ihrer Mutter für sich gegeben habe. Natalie sagte, sie habe beschlossen, dass die Worte ihrer Mutter für sie »Wen kümmert das?« bedeuteten. Aber als sie sich dieses Mal an die letzten Worte ihrer Mutter erinnerte, gab sie ihnen die Bedeutung »Wie konntest du mich noch lieben?«.

Ich bat Natalie, nach innen zu schauen und zu sehen, was nötig wäre, um diesen Vorfall zu heilen, diesen Klumpen in ihrem Teig, der ihr so viel Schmerz bereitet hatte, zu integrieren. Ich ermutigte sie ferner, so ausführlich wie möglich über diesen Vorfall zu schreiben und andere Erinnerungen und Gefühle an die Oberfläche kommen zu lassen, damit sie geheilt würden. Als wir uns ein paar Tage später trafen, erzählte sie mir, sie habe eines Tages beim Schreiben ihres Tagebuchs erkannt, dass ihre Mutter keine rachsüchtige und gemeine Person gewesen sei, sondern eine verachtete und zutiefst unsichere Frau. Ihr Vater war nämlich ein Schürzenjäger, der ihr bei vielen Gelegenheiten untreu wurde. 25 Jahre lang hatte Natalie verschiedene Therapien gemacht, um an den Problemen mit ihrem Vater zu arbeiten, weil sie geglaubt hatte, sie würde sich nach seiner Liebe sehnen. Ständig inszenierte sie dieselbe Situation aus ihrer Vergangenheit, indem sie unbewusst versuchte, durch Jeff und andere Männer die Aufmerksamkeit ihres Vaters zurückzugewinnen. Indem sie nun daranging, diese Erfahrung zu integrieren, konnte sie erkennen, dass sie die ganze Zeit über die Liebe ihrer Mutter gesucht hatte. Plötzlich sah Natalie die Eifersucht ihrer Mutter in einem ganz neuen Licht. Ihre Mutter wünschte sich einfach Liebe und Zuwendung, genauso wie Natalie selbst. Diese Einsicht führte zu noch mehr Tränen, aber diesmal nicht Tränen des von seiner Mutter verratenen kleinen Mädchens, sondern Tränen des Mitgefühls und des wahren Verständnisses.

Als ich Natalie fragte, ob sie je daran gedacht habe, mit ihrer Mutter ein Heilungsritual durchzuführen, erzählte sie mir, dass ihr eines Tages ein solches Ritual spontan in den Sinn gekommen sei, als sie sich ihre alten Fotos angeschaut habe.

Ihr Heilungsritual bestand darin, jeden Abend vor dem Schlafengehen ein Foto ihrer Mutter zu betrachten und sich dabei vorzustellen, sie zu umarmen. Dabei pflegte sie die Worte zu sprechen, nach denen sich ihre Mutter immer gesehnt hatte: »Ich liebe dich, Mama. Du bist wichtig und liebenswert.« Indem sie sich vornahm, ihre Mutter zu lieben und ihr zu verzeihen, vermochte Natalie Zugang zu jenem Teil ihrer selbst zu finden, mit dem sie der eigenen Person mütterliche Liebe schenken konnte.

Der letzte Schritt in diesem Prozess bestand für Natalie darin, die Gaben zu entdecken, die durch die letzten Worte ihrer Mutter geweckt worden waren, und die Weisheit zu empfangen, die in ihrem Schattenkonzept lag, dass sie nicht liebenswert sei. Die wichtigste Gabe für Natalie war, dass der Schmerz ihrer eigenen Kindheit als Hauptmotiv hinter ihrer Entscheidung stand, Familientherapeutin zu werden, und dass die ungelösten Probleme mit ihrer Mutter und ihrem Vater ihr das nötige Verständnis und Mitgefühl gegeben hatten, die sie bei der Arbeit mit ihren Klienten brauchte. Die Auseinandersetzungen mit Jeffs Sohn haben sie dazu befähigt, eine Führerin für andere zerrüttete Familien zu sein und diese dabei zu unterstützen, gesunde und erfüllte Beziehungen aufzubauen. Und weil sie den Schmerz, nicht die bedingungslose Liebe ihrer Mutter zu besitzen, nur allzu gut kennt, wurde Natalie eine Expertin dafür, anderen zu zeigen, wie sie sich selbst »bemuttern« und ihre eigenen unerfüllten Bedürfnisse befriedigen könnten.

Zunächst könnte der Integrationsprozess überwältigend erscheinen, weil die meisten von uns eine Menge unerforschten Schmerz aus ihrer Vergangenheit in sich tragen. Nachdem ich Tausende von Menschen durch diesen Prozess geführt habe, fand ich heraus, dass sekundäre Traumata und weniger bedeutende Probleme sich von allein erledigen, wenn wir bereit sind, zuerst den besonders schmerzhaften Vorfällen nachzugehen. Oft werden wir entdecken, dass die meisten solcher Anlässe auf ein einzelnes größeres Ereignis zurückzuführen sind, ein Ereignis, das uns veranlasste, für uns selbst eine Kernentscheidung zu fällen, die dann die Story unseres Lebens bildet. In jenem Augenblick setzten wir eines unserer zentralen Schattenkonzepte in die Welt, das sich während unseres ganzen Lebens immer wieder abspielte.

Da jeder von uns einen einzigartigen Beitrag, der von dem aller anderen Menschen verschieden ist, zu leisten hat, sind allein wir in der Lage, unseren inneren Schatz zu heben. Die Gabe, die wir sind, kann nur erkannt werden, wenn wir bereit sind – wenn wir alle Komponenten unserer individuellen Story angenommen haben, wenn wir unseren Anspruch aufgegeben haben, anderen die Schuld zu geben und sie für unsere Lebensumstände verantwortlich zu machen. Die Wunden unserer Vergangenheit zu heilen, ist ein heiliger Prozess. Es ist ein heiliges Ereignis, ein Augenblick, wenn wir beschließen, aus unseren Dramen, der Enge unseres individuellen Selbst herauszutreten und die Heiligkeit unserer Existenz anzuerkennen. Wenn wir unseren emotionalen Verletzungen Weisheit abgewinnen, befreien wir uns aus unserer Vergangenheit und können etwas wahrhaft Göttliches erfassen – unsere göttliche Bestimmung in diesem Leben.

Schritte zur Heilung

Die folgende Übung ist wichtig, um die Vergangenheit zu heilen und die Gaben zu entdecken, die in den schmerzlichen Ereignissen unseres Lebens verborgen liegen. Dazu ist es nötig, diesem Prozess seine volle Aufmerksamkeit zu widmen. Nehmen Sie sich mindestens eine halbe Stunde ungestört Zeit und schaffen Sie eine Atmosphäre, die Sie bei Ihrer tiefen inneren Arbeit unterstützen wird. Legen Sie Ihr Tagebuch und einen Stift in Reichweite. Denken Sie daran: Alle Antworten, die Sie brauchen, finden Sie in Ihrem Innern; Sie müssen nur still genug werden, um sie vernehmen zu können.

Wenn Sie bereit sind, schließen Sie die Augen und machen fünf langsame, tiefe Atemzüge, um mithilfe des Atems Ihren Körper zu entspannen und Ihren Geist zu beruhigen. Lesen Sie jede Frage einzeln. Dann schließen Sie wieder die Augen und lassen aus Ihrem tiefen Innern eine Antwort aufsteigen. Sobald Sie die Antwort auf eine Frage erhalten haben, öffnen Sie die Augen und notieren diese Antwort in Ihrem Tagebuch; dann gehen Sie zur nächsten Frage weiter.

1. Welcher Vorfall in meiner Gegenwart oder aus meiner Vergangenheit verursacht bei mir immer noch Schmerz, Ärger und Reue?
2. Was lässt mich diese Situation empfinden?
3. Wann habe ich dieselben Gefühle zuvor gehabt? An welchen Vorfall aus meiner Vergangenheit erinnert mich das?
4. Welche Bedeutung habe ich diesem Ereignis für mich gegeben? Was habe ich bezüglich der Wahrheit über mich selbst entschieden?
5. Wie hat diese Entscheidung mein Leben negativ beeinflusst?
6. Wem mache ich Vorwürfe wegen der getroffenen Entscheidung und wegen allem, was mir infolge dieser Entscheidung widerfahren ist?
7. Was muss für mich geschehen, um diesen Vorfall zu heilen? Muss ich etwas Bestimmtes aussprechen oder tun, um mich vollkommen zu fühlen?

8. Was habe ich aus diesem Vorfall gewonnen und gelernt und was weiß ich nun? Welche Weisheit kann ich nun dank meiner Erfahrungen der Welt schenken?

Kontemplation

Jedes schmerzliche Ereignis meines Lebens hat mir große Gaben geschenkt. Mühelos finde ich diese Gaben.

— 7 —

Mit seiner Story Frieden schließen

Um uns von den Einschränkungen unserer Storys zu befreien, müssen wir bereit sein, den Komfort unserer selbst gesponnenen Kokons aufzugeben. Einmal hörte ich die Geschichte eines jungen Mädchens, das eine weise alte Frau fragte: »Wie wird man Schmetterling?« Mit einem Augenzwinkern und einem breiten Lächeln antwortete die alte Frau: »Du musst so sehr fliegen wollen, dass du bereit bist, das Raupendasein aufzugeben.« Es kann manchmal ein langsamer und schmerzhafter Prozess sein, sich aus dem Kokon seiner Story zu befreien, aber wenn uns das gelingt, befreien wir unsere Seelen und sonnen uns im Glück unserer emotionalen und spirituellen Freiheit. Um unsere Storys zu transzendieren, müssen wir zuerst lernen, sie für alles, was sie zu unserer Entwicklung beigetragen haben, zu lieben, zu ehren und anzuerkennen. Wir müssen die Erfahrungen und die Weisheit schätzen, die sie uns geschenkt haben. Dann und nur dann werden wir in der Lage sein, Frieden mit unseren Storys zu schließen und über sie hinauszugehen, um unsere tiefsten Wünsche zu erfüllen.

Ich bin immer wieder verblüfft über die Hartnäckigkeit des Grolls, den wir gegen uns selbst hegen. Warum machen wir uns andauernd Vorwürfe wegen Geschehnissen, die zehn, zwanzig oder dreißig Jahre zurückliegen? Warum haben wir das Gefühl, der totalen Rettung und der Absolution für die

Vergehen unserer Vergangenheit nicht würdig zu sein? Zwanzig Jahre lang habe ich mir den Kopf über diese Frage zerbrochen. Ich habe Menschen beobachtet, die sich ständig sabotierten, sich all dessen beraubten, was wirklich im Leben wichtig ist, und sich um alles bringen, womit sie ihre Seelen hätten nähren können. Möglicherweise versuchen wir auf einer gewissen Stufe ständig, uns umzubringen – wenn nicht unser ganzes Selbst, so doch mindestens irgendeinen dunklen, schrecklichen Teil: vielleicht diejenigen Vorfälle und Aspekte, derentwegen wir uns am meisten schämen? Die zerstörende Wirkung von Selbstvorwürfen und Selbsthass sind überall auf der Welt zu erkennen. Sucht, Gewalt, Missbrauch und Versagen sind ein Teil unseres Lebens.

Sich selbst verzeihen

Ich habe Jahre bei der Selbsthilfebewegung mitgemacht, zuerst, um an mir selbst zu arbeiten, und dann als Leiterin für andere Menschen. Dabei bin ich zu der Einsicht gelangt, dass Selbstvergebung den Kern der Heilung bildet. Es gibt wirklich nichts Wichtigeres für den Heilungsprozess. Solange wir nicht Frieden machen und uns alle Aspekte unseres Lebens und unserer Story verzeihen, werden wir unsere Vergangenheit weiter dazu benutzen, uns selbst zu strafen und unsere tiefsten Träume zu sabotieren. Selbstvergebung geschieht, indem wir die Verletzlichkeit unserer menschlichen Natur zulassen und Mitleid für unsere eigenen inneren Kämpfe empfinden. Wenn wir uns selbst verzeihen können, werden wir zu der Einsicht gelangen, warum wir so sind, wie wir sind, warum wir glauben, was wir glauben, und warum wir so fühlen, wie wir fühlen. Mein Freund Sarano Kelly, der Autor von *The Game,* sagt:

»Wenn du verstehst, werden sich die Dinge zu ändern beginnen.« Solange wir uns weiterhin wegen unserer Storys schämen und solange wir nicht alles in unserer Macht Stehende unternommen haben, um zu verstehen, warum sie existieren, werden wir ständig wieder in die Grenzen unserer Dramen zurückgezogen. Nur wenn wir unsere Storys akzeptieren und uns voll und ganz vergeben, können wir unseren Geschichten ihre Weisheit abgewinnen. Nur dann werden wir die Freiheit haben, außerhalb der Begrenzungen durch unsere Schattenkonzepte und Storys zu leben.

Die unerledigten Dinge klären

Wenn wir nicht an den Punkt gelangen, uns selbst zu verzeihen, können wir unsere außergewöhnliche Individualität nicht manifestieren und nicht unsere Träume ausleben. Denn wie können wir uns der Liebe, des Erfolgs, der Fülle und der perfekten Gesundheit würdig fühlen, wenn unsere Storys uns ständig daran erinnern, dass wir mangelhaft, unbedeutend und unwürdig sind? Wie können wir am Morgen aufwachen und das Beste aus dem ganzen Universum herbeirufen, wenn wir uns wegen unseres Egoismus strafen und uns immer wieder schämen, weil wir unsere Beziehungen abgebrochen haben? Wie können wir uns selbst achten, wenn wir wissen, dass wir den Ruf unserer eigenen inneren Stimme ständig ignorieren? Unsere unerledigten Dinge sind die Quelle unserer Schuldgefühle. In ihrem Buch *Straight from the Heart* schreiben Layne und Paul Cutright: »Ein Geist, der sich schuldig fühlt, erwartet Bestrafung. Schuldgefühle werden dazu führen, dass Sie Menschen oder Situationen anziehen, die Ihre unverarbeiteten Schuldgefühle bestätigen.« Unsere Schuldgefühle rühren daher, dass wir nicht auf uns selbst hören, dass wir Entscheidungen gegen unsere Überzeugungen treffen, dass wir geliebte Menschen enttäuschen und uns Verhaltensweisen aussuchen, die wir vielleicht für egoistisch halten. Die Quelle unserer Schuldgefühle ist unsere Vorstellung, etwas Falsches oder Schlechtes getan zu haben. Wir fürchten und erwarten, die Strafe anzuziehen, die wir wirklich zu verdienen glauben. In dem Maße, wie wir noch Unerledigtes aus unserer Vergangenheit mit uns herumschleppen, werden wir uns unbewusst bestrafen, indem wir uns Liebe, Erfolg und Reichtum verweigern.

Frieden schließen mit seinem inneren Richter

Solange wir mit unserem inneren Richter und Gericht nicht Frieden schließen, werden wir es nie zulassen, die göttliche Vergebung zu spüren und zu empfangen. Unser innerer Richter weiß zwischen Richtig und Falsch zu unterscheiden. Stellen Sie sich vor, dass unter der Oberfläche unseres Bewusstseins eine große Waage der Justitia steht, die unser höchstes Gut kennt. Ich stelle mir dieses innere Wissen gern als zwei karmische Waagschalen vor. Unsere inneren karmischen Waagschalen wissen, wann wir uns selbst und wann wir andere verletzt haben. Sie wissen, wann wir aus dem Gleichgewicht sind. Unsere karmischen Waagschalen repräsentieren unser inneres Wissen, unser inneres Gefühl von Integrität – den Teil von uns, der weiß, was Recht und Unrecht ist. Dieser innere Richter hält unsere innere Waage der Justitia und unterstützt uns, indem er auf die Integrität des menschlichen Geistes achtet. Alle von uns haben die Erfahrung gemacht, die Linien unseres inneren Wissens zu überschreiten. Alle von uns haben schon einmal die

Stimme ihrer Intuition gehört und beschlossen, sie abzuschalten oder zu blockieren, damit wir in unseren Storys verweilen und unserer eigenen Tagesordnung folgen konnten. Aber jedes Mal, wenn wir unsere Intuition ignorieren, jedes Mal, wenn wir es versäumen, auf unsere innere Stimme zu hören, jedes Mal, wenn wir unserem Verstand und nicht unserem Herzen folgen, vergehen wir uns an unserem tiefsten Selbst. Diese Vergehen bringen unsere karmischen Waagschalen aus dem Gleichgewicht und halten uns in unseren Dramen gefangen. Solange wir nicht gelernt haben, die Heiligkeit unseres inneren Wissens und unserer Intuition zu achten, werden wir immer wieder Schmerz und Drama schaffen, die uns zurück in Richtung unseres höchsten Selbst führen sollen.

Stellen Sie sich vor, zusammen mit dem »Paket«, das Sie als »Ich« bezeichnen, wäre ein »Betriebssystem« geliefert worden, das Sie mit dem höchsten Ausdruck Ihrer selbst verbindet. Dieses Betriebssystem ist Ihr Führer, der Ihnen mitteilt, wann Sie auf der richtigen Spur sind und wann nicht. Seine einzige Aufgabe besteht darin, Sie dabei zu unterstützen, Ihr außergewöhnliches Selbst zu manifestieren. Es ist Ihr persönlicher Führer; es hat kein anderes Programm, als Ihre persönliche Mission zu erfüllen und Sie dabei zu unterstützen, Ihre Gaben in die Welt zu bringen.

Wie kommt es, dass wir von diesem Leitsystem getrennt werden? Wie trennen wir uns von jenem universalen Strom der Intelligenz, der so natürlich durch uns fließt? Irgendwann hat man uns erzählt, dass es nicht auf unsere Gefühle ankommt. Vielleicht hat man uns sogar gewarnt, dass wir aus unseren Familien vertrieben, bestraft oder von unseren Lieben getrennt würden, wenn wir weiterhin auf unsere inneren Bedürfnisse und Stimmen hörten. Derartige Botschaften verwirren uns, und so beginnen wir allmählich, an uns selbst und unserem inneren Wissen zu zweifeln. Statt unserer eigenen Wahrheit zu vertrauen, trennen wir uns von unserem inneren »Betriebssystem«. Allmählich verlieren wir den Kontakt mit unserem Gefühl für Recht und Unrecht. Ohne Verbindung zu unserem inneren Licht, das uns führt, beschließen wir, unseren Eltern oder anderen Menschen zu folgen, die den Anschein erwecken, sie würden es in ihrem Leben richtig machen. Schließlich verzichten wir gänzlich auf unsere innere Stimme, damit wir das Gefühl haben können, dazuzupassen und -zugehören.

Sich selbst verletzen

Die meisten Menschen werden beunruhigt und zum Handeln bewegt, wenn sie Zeugen von Gewalt in der Welt werden. Wird jemand überfallen, vergewaltigt oder missbraucht, entwickeln wir unmittelbar ein Gefühl für die Ungerechtigkeit. Dagegen ist es nicht so einfach, die Verletzungen zu erkennen, die wir uns selbst zufügen, denn das geschieht oft auf scheinbar unbedeutende und unmerkliche Weise. Wir verletzen uns, wenn wir nicht auf uns selbst hören, unseren Instinkten nicht trauen oder nicht beanspruchen, was wir wollen. Wir verletzen uns, wenn wir unsere Träume unterdrücken, wenn wir uns nicht die Zeit nehmen, für uns selbst zu sorgen, oder wenn wir unserem inneren Leben nicht den Vorrang geben. Wir verletzen uns jedes Mal selbst, wenn wir uns der Wertschätzung und Anerkennung für unsere hart verdienten Anstrengungen berauben, und jedes Mal, wenn wir unsere besonderen Gaben negieren. Wir verletzen uns, wenn wir beschließen, uns mehr auf unsere Fehler als auf unsere Schönheit zu konzentrieren. Wir verletzen uns, wenn wir uns nicht die Nahrung geben, nach der wir hungern, wenn wir eine schlechte Wahl treffen und wenn wir uns weigern, uns selbst unsere gegenwärtigen Lebensumstände zu verzeihen. Wir verletzen uns, wenn wir uns das Mitgefühl für die Fehler der Vergangenheit verweigern, wenn wir mehr Zeit damit verbringen, auf die Negativität unseres Schattentheaters zu hören als auf die Liebe unseres Herzens. Wir verletzen uns, wenn wir nach dem suchen, was falsch ist, und nicht nach dem, was richtig ist. Wir verletzen uns, wenn wir das versäumen, was uns Freude bringt. Wir verletzen uns, wenn wir uns klein halten.

Die meisten Traumata, die wir uns selbst zufügen, geschehen völlig unbemerkt für das bewusste Gewahrsein. Aber unsere Seelen sind sich in aller Deutlichkeit des Moments bewusst, wenn wir von unserem inneren Leitsystem abweichen. Ich gab einmal ein Seminar, bei dem ich die Teilnehmer bat, alles aufzulisten, womit sie sich selbst in jedem Bereich ihres Lebens verraten. Hier folgen einige der Verhaltensweisen, die auf ihren Listen standen.

Verletzungen, die wir unserem Körper zufügen:
- sich überessen,
- Nahrung zu sich nehmen, von der wir wissen, dass sie uns nicht gut tut,
- uns bei unserer Ernährung betrügen,
- sich vornehmen, Sport zu treiben, aber nicht durchhalten,
- sich nicht genügend Zeit für Ruhe und Erholung nehmen,
- sich selbst mit Zigaretten, Alkohol oder Drogen schaden,
- sich kritisieren, wenn wir in den Spiegel schauen,
- mehr auf unsere Fehler achten als auf unsere Schönheit,
- so beschäftigt sein, dass wir nicht auf die Signale unseres Körpers hören können,
- auf unsere selbstzerstörerischen inneren Dialoge hören.

Verletzungen, die wir uns in unseren Beziehungen zufügen:
- Beziehungen mit Menschen fortsetzen, die uns körperlich oder emotional schaden,
- für Freunde oder mit ihnen Dinge tun, die wir nicht tun wollen,
- Sex haben, wenn wir nicht wollen,
- uns Intimität vorenthalten, wenn wir sie uns wünschen,
- Absprachen oder Versprechen mit anderen brechen,
- über andere klatschen,
- Zuneigung zu Menschen, die wir nicht lieben, vortäuschen,
- keine Zeit mit unseren Lieben verbringen,
- unsere Gefühle für andere zurückhalten,
- unsere persönlichen Grenzen überschreiten oder unsere Integrität aufs Spiel setzen,
- den Bedürfnissen anderer Leute mehr Beachtung schenken als unseren eigenen.

Verletzungen, die wir unserer finanziellen Sicherheit zufügen:
- mehr ausgeben, als wir verdienen,
- Schulden mit Kreditkarten anhäufen,
- Schecks platzen lassen,
- über die Höhe unseres Einkommens lügen,
- nicht sparen,
- nicht auf seine Ausgaben achten,
- stehlen,
- Schulden ignorieren,
- Rechnungen zu spät begleichen.

Die meisten Menschen versuchen, ihr Leben zu ändern, selbst wenn sie sich weiterhin verletzen. Wir meinen, wenn wir nur noch ein Seminar mehr machten und ein Buch mehr läsen oder einfach glückliche Gedanken hätten, müssten wir nicht alles bereinigen, womit wir uns verletzen. Wir mögen Tausende von Selbsthilfebüchern lesen, jeden Tag meditieren und zu Füßen eines Gurus sitzen, aber wenn wir die Weisheit, die wir erworben haben, nur dazu benutzen, um uns schlecht zu machen und unseren Wert herabzusetzen, haben wir uns selbst verletzt. Jedes Mal, wenn wir in den Spiegel schauen und nur einen Teil dessen sehen, wer wir sind – jedes Mal, wenn wir mehr Zeit damit zubringen, auf unser Schattentheater, unsere unbewussten inneren Dialoge zu hören, statt unsere Größe anzuerkennen –, haben wir uns an uns selbst vergangen. Wann werden wir damit aufhören? Wann werden wir einsehen, dass wir sowohl die Übeltäter als auch die Einzigen sind, die unsere innere Gewalt beenden können?

Subtile Verletzungen

Wie an den meisten Morgen nahm sich Wendy vor, auf gute Ernährung zu achten. Vor allem wollte sie Brot und Zucker meiden – zwei Lebensmittel, von denen sie wusste, dass sie ihr schadeten. Den ganzen Morgen lang und sogar beim Mittagessen hielt sie sich an ihren Vorsatz. Aber als ihre Kollegen am Nachmittag mit Napfkuchen aus einer nahe gelegenen Bäckerei zurückkamen, um einen Geburtstag zu feiern, überlegte sich Wendy, dass es unhöflich wäre, abzulehnen, und aß ein Stück Kuchen. Sofort spürte sie jenes vertraute absinkende Gefühl in ihrem Bauch, das kaum zu ertragen war. Resigniert verwarf sie ihren Vorsatz und tat so, als wäre das, was sie getan hatte, ohne Bedeutung. Als sie an diesem Tag nach Hause kam, fühlte sie sich schwer, leblos und irgendwie losgelöst von sich selbst. Bei ihrer abendlichen Meditation erkannte Wendy, dass sie sich ständig selbst verletzte, indem sie sich bei ihrer Ernährung etwas vormachte.

Emily, eine Hausfrau und Mutter, brachte ihre zwei Kinder nach einem langen und anstrengenden Tag ins Bett. »Morgen werden wir zusammen Spaß haben, versprochen«, flüsterte sie, als sie ihnen einen Gutenachtkuss gab. Während sie das Kinderzimmer verließ, überlegte sie sich, wie sie den nächsten Tag zu etwas Besonderem für alle drei machen könnte. Sie versprach sich selbst, dass sie ihre Seifenoper im Fernsehen nicht mehr anschauen würde, bis ihre Kinder beschlössen, einen Mittagsschlaf zu machen, und nahm sich vor, den beiden ihre ungeteilte Aufmerksamkeit zu schenken. Aber als Zachary und Alice um zwei Uhr am nächsten Nachmittag immer noch keine Anzeichen von Müdigkeit zeigten, begann Emily, ungeduldig und ärgerlich zu werden. Ihr Vorsatz, einen friedlichen Tag mit ihren Kindern zu verbringen, war schnell vergessen, und schon hockte Emily im Schlafzimmer vor der Glotze, während ihre Kinder auf dem Boden saßen und heulten.

Selbst verstört über den Ausgang dieses Tages, ging Emily an jenem Abend in sich und fragte sich, wie der folgende Tag für sie und ihre Kinder besser werden könne. An diesem Punkt kam sie in Kontakt mit dem Groll, der sich in ihrem Innern seit Wochen aufgestaut hatte, und erkannte, dass sie mehr Zeit für sich selbst brauchte. Emilys inneres Kind schrie nach einer »Mami-Auszeit«. Sie erkannte, dass die ganztägige Fürsorge für zwei Kinder, ohne sich ihren eigenen Bedürfnissen widmen zu können, ein Vergehen gegen sie selbst war. Und wenn sie nicht mit Integrität gegen sich selbst handelte, neigte sie dazu, die Frustration an ihren Kindern auszulassen. Emily merkte, dass sie irgendwie Zeit für sich selbst nehmen musste, um Harmonie in ihr Leben und in ihre Familie zu bringen. Sie kam dann auch auf die kreative Idee, sich mit anderen Müttern in der Nachbarschaft beim Babysitting abzuwechseln. Sobald sie die nötige Zeit für sich selbst hatte, gelang es ihr, bei ihren Kindern präsent zu bleiben und ihre Versprechungen zu halten. Indem sie im Innern ihrer eigenen Integrität lebte und ihre tiefsten Wahrheiten respektierte, konnte Emily eine neue Wahl treffen, eine Entscheidung, die sie über die Grenzen ihrer Story hinausführte.

Unsere Selbstverletzungen tarnen sich oft auf subtile Weise. Selbst jetzt versuchen Sie vielleicht, sich etwas auszudenken, um diesen Sachverhalt zu bagatellisieren. Prüfen Sie es nach und sehen Sie selbst: Leugnen Sie diese Wahrheit? Suchen Sie nach Rechtfertigungen oder Bestätigungen dafür, dass Sie das nichts angeht? Schauen Sie. Schauen Sie in die Tiefe, im Verlauf der nächsten Tage, und finden Sie heraus, wo und wie Sie sich selbst verletzen. Sind Sie bereit, die Tiefen des Selbstmissbrauchs, den Sie Tag für Tag verursachen, zu erforschen? Verletzen Sie sich im Namen Ihrer Story ständig selbst? Es ist Ihr Leben; Sie allein haben die Fähigkeit, es zu ändern. Dies ist Ihre Chance, wirklich in die Tiefe zu gehen. Sie können zurückblicken und sehen, dass Sie im Kokon Ihrer Story steckten, die Oberfläche Ihres Schmerzes streifend, oder Sie können zurückblicken und sehen, dass Sie sich selbst aufforderten, die Wahrheit zu sagen, Verantwortung zu übernehmen und Schritte zu ergreifen, die mit der Art von Person, die Sie sein möchten, in Einklang stehen.

Die Waagschalen des Karmas ausgleichen

Wiedergutmachung an unseren Selbstverletzungen zu leisten, ist wohl die höchste Ehre, die wir uns und anderen erweisen können. Diese Wiedergutmachung stellt unsere Integrität wieder her; sie ist ein entscheidender Schritt, um mit uns selbst Frieden zu schließen. Dabei ist es wichtig, in unserem Leben zurückzugehen, in der Absicht, unser Unrecht zu korrigieren – um unsere karmischen Waagschalen ins Gleichgewicht zu bringen. Dies bedeutet, dass wir an allen Menschen in unserem Leben, die wir irgendwie verletzt, belogen, betrogen oder verraten haben, Wiedergutmachung leisten.

Ich wusste, dass ich das ganze Chaos, das ich in mir selbst, in meinen Beziehungen und im Universum verursacht hatte, zu klären hatte, um mein Leben zu heilen und Frieden zu finden. Um jeden Preis wollte ich mich vor den Spiegel und vor andere Menschen stellen können und dabei ein gutes Gefühl haben, nicht nur beim Gedanken an meine Gegenwart, sondern auch an meine Vergangenheit. Im Lauf der Jahre hatte ich viele Menschen verärgert, enttäuscht und verletzt. Ich hatte auch meinen Anteil an Vergehen gegen die Natur, verschiedene Institutionen und andere Menschen. Zuerst begann ich, meine Vergangenheit in einem Zwölf-Schritte-Programm zu klären, indem ich lernte, dass ich denjenigen, die ich verletzt hatte, Wiedergutmachung leisten musste [Zwölf-Schritte-Programme werden zum Beispiel von den Anonymen Alkoholikern eingesetzt]. Zunächst erschien mir dieser Gedanke überwältigend. Wie sollte ich das jemals schaffen? Die bloße Vorstellung, auf jemanden zuzugehen und ihm zu erklären, dass ich ihn belogen oder bestohlen hatte, ließ mich vor Scham erzittern. Es war seltsam: Ich glaubte, ich hätte mich nie um das gekümmert, was andere über mich dachten, weil ich selten Reue empfand; aber dieses Projekt zur Aufarbeitung meiner Vergangenheit machte mich krank vor Angst und Scham. Die Liste meiner Opfer schien zu lang zu sein, aber in dem Wissen, dass ich wirklich niemals ein gutes Gefühl von mir selbst haben könnte, solange ich mein Unrecht nicht korrigiert hätte, nahm ich meinen ganzen Mut zusammen, um mit denjenigen, die ich verletzt hatte, ins Reine zu kommen und die Vergehen meiner Vergangenheit zu sühnen. Am schwersten fiel es mir, auf frühere Arbeitgeber und Freunde meiner Familie zuzugehen, aber ich schaffte es, einer Person nach der anderen zu sagen, dass es mir Leid tue, dass ich ihnen das geschuldete Geld zurückzahle und Verantwortung für diejenige Person übernehme, die ich in der Vergangenheit gewesen war. Nach und nach begann sich meine Selbstachtung wieder aufzubauen, und ich erlebte den wunderbaren Vorgang, mich in meinem Innern gut zu fühlen. Dieser Prozess ermöglichte es mir, Frieden mit meiner Story zu machen. Jede Wiedergutmachung, die ich dabei leistete, lockerte die Ketten, die mich an das Drama meiner Vergangenheit gefesselt hatten.

Wenn wir kein durch und durch integres Leben führen, werden wir versuchen, unsere Transformation auf eine Lüge zu bauen. Um das Leben unserer Träume zu führen, brauchen wir ein starkes Fundament, auf dem wir das aufbauen können, was wir sind und wofür wir stehen. Jedes Mal, wenn wir außerhalb unserer persönlichen Integrität leben, errichten wir eine Mauer zwischen uns und den anderen und zwischen uns und dem Leben unserer Träume. In jedem Bereich unseres Daseins, in dem wir aufhören, integer zu handeln, oder unsere inneren Gesetze verletzen, schneiden wir uns ab von der Fülle unserer Kraft und unserer Fähigkeit, zu schaffen, was wir uns wünschen. So schreibt auch Cheryl Richardson in ihrem Buch *Life Makeovers*: »Wir alle haben verschiedene Serien von inneren Gesetzen, die unsere persönliche Integrität ausmachen. Die meisten Menschen sind sich nicht darüber im Klaren, wie viel Energie sie brauchen, um außerhalb ihrer inneren Gesetze zu leben. Wenn wir unsere persönliche Integrität wiederherstellen, setzen wir enorme Energien frei, die uns dann in unserem Alltagsleben zur Verfügung stehen.«

Die Probleme mit unserer ungeheilten Integrität liegen an der Wurzel unseres Selbstmissbrauchs. In dem Maße, wie wir uns in unserer inneren Welt aus dem Gleichgewicht fühlen, berauben wir uns der Möglichkeit, unsere Wünsche in der äußeren Welt zu erfüllen. Unser Selbsthass wird aus dem Universum Menschen und Ereignisse herbeirufen, die uns unsere tiefsten Empfindungen über uns selbst zurückspiegeln. Erinnern wir uns: Die Außenwelt ist ein Spiegelbild unserer Innenwelt. Und das Umgekehrte trifft auch zu: Wenn wir im Einklang mit uns selbst sind, fühlen wir uns würdig, zu empfangen, was wir wünschen. Wir ziehen die Menschen und Ereignisse an, die mit der Erfüllung unserer tiefsten Wünsche übereinstimmen, weil, um es noch einmal zu wiederholen, die ganze Welt uns unsere guten Gefühle widerspiegeln wird, wenn wir innerlich im Gleichgewicht sind und ein gutes Gefühl von uns selbst haben. In dem Umfang, wie wir die Probleme unserer Integrität im Innern unserer Storys nicht lösen, werden wir fortfahren, den lauten inneren Dialog unseres Schattentheaters zu füttern. Solange wir nicht über diese Integrität verfügen, werden wir niemals das Gefühl haben, dass wir es verdienen oder wert sind, ein Leben auf höchstem Niveau zu führen.

Karmische Auflösung

Karmische Auflösung ist der Prozess, unsere Integrität wiederherzustellen. Wir bewältigen ihn, indem wir unser Unrecht wieder gutmachen. Karmische Auflösung ist der Weg, um unsere Storys zu transzendieren und uns Zugang zu der Selbstliebe zu verschaffen, die wir verdienen.

Karmische Auflösung ist der Prozess, in dem wir unsere Beziehungen zu uns selbst, zu anderen und zur Welt heilen. Wir sollten aufpassen, diese Aufgabe nicht mit der Frage anzugehen: »Was ist das Minimum, das ich tun kann, um aus der Klemme zu kommen?« Oder: »Was wird meinen Ruf in den Augen der Beteiligten wiederherstellen?« Stattdessen sollten wir die Schritte unternehmen, die unsere eigene Integrität in uns selbst wiederherstellen. Die richtige Frage lautet: »Was kann ich tun, um meine karmischen Waagschalen ins Gleichgewicht zu bringen?« Und wir müssen bereit sein, auf die Antwort tief aus unserem Innern zu hören. Ich verspreche Ihnen, dass Sie mehr Liebe, Frieden und innere Freiheit empfangen werden, als Sie sich jemals vorstellen können, sobald Sie das Projekt in Angriff nehmen, Ihre Integrität wiederherzustellen. Wenn sich unsere karmischen Waagschalen im Gleichgewicht befinden, sind wir von Natur aus offen für neue Stufen der Selbstachtung und des Selbstwerts. Nur dann werden wir das Gefühl haben, es wirklich zu verdienen, unsere tiefsten Wünsche zu manifestieren und uns der Fülle des Universums zu erfreuen.

Solange wir von Schuld- und Reuegefühlen geplagt werden, sind wir blind für unsere wahre Größe. Jordan, ein 35-jähriger Immobilienhändler, war auf der Straße aufgewachsen und lernte schon früh, sich allein durchs Leben zu schlagen. Er wurde reicher, als er es sich in seinen kühnsten Träumen hatte vorstellen können, doch er wurde immer noch von den Vergehen verfolgt, die er in seiner Jugend begangen hatte, und versuchte fünfzehn Jahre lang vergeblich, mit seiner Vergangenheit ins Reine zu kommen. Er besuchte Seminare und Therapiegruppen und bemühte sich, Vergebung zu finden, indem er sich gegenüber seinen Freunden und seiner Familie übertrieben großzügig zeigte. Jordan wusste all die richtigen Worte zu sagen und die korrekten Mantras zu rezitieren, um sich zeitweilig von seinen Schuldgefühlen zu entbinden, aber in der Stille der Nacht hatte er immer noch ein schlechtes Gefühl von sich selbst. Er war ein kluger, gebildeter und belesener Mann, und es verblüffte ihn immer wieder, dass er seine Vergangenheit nicht bewältigen konnte. Die Botschaft, die seine Leistungen überschattete, lautete: »All das verdiene ich nicht.« Obwohl er sich des Themas seiner Story und der damit verbundenen Beschränkungen deutlich bewusst war, kämpfte er, um außerhalb der Grenzen seines persönlichen Dramas zu leben. Ich schlug ihm vor, gemeinsam zu untersuchen, welche Handlungen aus seiner Vergangenheit ihm noch zu schaffen machten. Ich erklärte ihm, dass unsere Herzen sich stets erinnern, auch wenn unser Verstand unsere Missetaten vergessen kann.

Obwohl er frei von Schuldgefühlen sein wollte, widerstrebte Jordan der Gedanke, dass seine vergangenen Vergehen sein gegenwärtiges Leben irgendwie beeinflussten. Er empfand sich nun als guter Mensch, auch wenn er zugab, in der Vergangenheit arrogant und nachlässig gewesen zu sein. Ich erklärte ihm, dass wir uns ständig selbst bestrafen und Erfahrungen anziehen, die uns die schlechten Gefühle in unserem Innern widerspiegeln, solange wir unser Unrecht nicht wieder gutmachen. Unser inneres Wissen verlangt, dass wir das, was wir beschädigt haben, wieder in Ordnung bringen. Für Jordan bedeutete dies, dass er irgendwo in seinem Innern das Gefühl hätte, kein guter Mensch zu sein, solange er nicht einem jeden Menschen, dem er unrecht getan hatte, in die Augen schauen könnte. Deshalb würde er auch nie wirklich glauben, umfassende Liebe und Vergebung zu verdienen, und nie die Freiheit gewinnen, aus seinem persönlichen Drama herauszutreten.

Mutig stimmte Jordan zu, seine Vergangenheit zu erkunden und alles Unerledigte klären zu wollen. Ich bat ihn, seine Augen zu schließen und in seinem Innern nach einem Vorfall

Ausschau zu halten, der noch nicht geheilt war. Er erinnerte sich an eine Zeit, da er mit achtzehn als Kellner in einem schicken Restaurant in San Francisco gearbeitet hatte. In jenem Restaurant war er mit Unterbrechungen fünf oder sechs Jahre lang beschäftigt – er konnte sich freinehmen, wenn er sich mehr seiner Ausbildung widmen musste, um wieder zu arbeiten, wenn er Geld brauchte. Der Besitzer des Restaurants, ein älterer Mann namens Ted, war immer nett zu Jordan und ließ ihn nach Wunsch gehen und kommen. Jordan gestand mir, dass er und andere Kollegen im Restaurant sich einen Trick ausgedacht hatten, um Geld zu stehlen, indem sie Kundenschecks nicht in die Registrierkasse eingaben. Manchmal pflegten er und die anderen sich auch bei Lebensmitteln und Getränken zu bedienen, die dem Restaurant gehörten. Jordan, der damals von der Hand in den Mund lebte, entschuldigte sein Handeln, indem er sich sagte, dass Ted das Geld nie vermissen würde, weil er ein reicher Zahnarzt war, der oben auf dem Hügel wohnte und noch zwei andere Restaurants besaß. Er rechtfertigte sein Tun auch damit, dass alle Mitarbeiter dasselbe täten. Aber als er nun diesen Vorfall betrachtete, konnte Jordan erkennen, dass er sich wirklich schrecklich fühlte, weil er sich einem so anständigen und offenen Menschen gegenüber so erbärmlich schlecht verhalten hatte.

Auf meine Frage, was er tun müsste, um den Schaden für sich wieder gutzumachen, antwortete Jordan, dass der Besitzer des Restaurants inzwischen wahrscheinlich gestorben wäre und er nicht wüsste, was zu tun wäre, um alles in Ordnung zu bringen. Aber als Jordan einen ehemaligen Manager des Restaurants anrief, erfuhr er, dass Ted noch lebte und in der Nähe von San Francisco wohnte. Jordan fasste sich ein Herz und rief Ted an. Ted, der nun Anfang achtzig war, freute sich, von Jordan zu hören. Er hatte stets Zuneigung für Jordan empfunden und ihn in guter Erinnerung behalten. Nachdem sie ein paar Minuten miteinander gesprochen hatten, gestand Jordan, dass er in den Jahren, als er in Teds Restaurant gearbeitet hatte, dort ungefähr 3000 Dollar gestohlen hatte, und nun anrief, um den Schaden wieder gutzumachen. In einem der bewegendsten Augenblicke seines Lebens erklärte Jordan, mit Tränen in den Augen und offenem Herzen, dass er Ted noch an diesem Tag einen Scheck schicken wollte, um ihm alles zurückzuzahlen.

Ted brach in Tränen aus, als er Jordans Geständnis hörte. Zu seiner Überraschung erfuhr Jordan, dass das Restaurant Bankrott gegangen war und Ted all sein Geld und seine große Villa verloren hatte. Ted erzählte ihm ferner, wie er gekämpft und gerade versucht habe, einen Kredit zu bekommen, um seine Schulden zu begleichen, aber wegen seines Bankrotts abgewiesen worden sei. Er erklärte Jordan, dass ihm die 3000 Dollar vor fünfzehn Jahren nicht viel ausgemacht hätten, aber dass es genau die Summe sei, die er jetzt brauche, um zu verhindern, dass ihm seine Eigentumswohnung wieder weggenommen würde. Beim Ausfüllen des Schecks hatte Jordan das Gefühl, niemals Geld für etwas Besseres ausgegeben zu haben. Er fühlte sich innerlich gereinigt und ungeheuer dankbar dafür, dass er das Geld, das er sich genommen hatte, jetzt zurückgeben konnte. Er musste die Vergehen seiner Vergangenheit nicht länger vertuschen. Zum ersten Mal hatte er das Gefühl, in den Spiegel schauen zu können und das gern zu betrachten, was er darin sah. Er wusste, dass seine inneren Waagschalen wieder im Gleichgewicht waren, und empfand nun ein neues Gefühl des Selbstwerts und der Selbstachtung.

Cori, eine Teilnehmerin an einem meiner Coachingprogramme, hatte mit finanziellen Schwierigkeiten zu kämpfen, solange sie sich zurückerinnern konnte. Sie teilte der Gruppe mit, dass sie keine Ahnung habe, warum sie unfähig sei, in ihrem Leben Geld zu verdienen oder zu behalten. Das zentrale Thema in Coris Story war, dass sie aufpassen musste, um von anderen nicht ausgenutzt zu werden. Wie sie wusste, musste es irgendein karmisches Ungleichgewicht geben, das sie daran hinderte, ihre Ziele zu erreichen. Ich forderte sie auf, eine Liste aller Plätze in ihrem Leben zu machen, an denen sie ihre finanzielle Integrität verloren hatte, und in ihrer Erinnerung nach Vorfällen aus ihrer Vergangenheit zu forschen, die verhindern könnten, dass sie die ersehnten finanziellen Mittel erhält.

Das Erste, was Cori auf ihrer »Verlust-der-Integritäts-Liste« notierte, war ein Vorfall, den sie im Alter von zwölf Jahren erlebt hatte. Cori und ihre Freundin waren in ein Kaufhaus gegangen und hatten eine Menge Sachen geklaut, die Mädchen in diesem Alter gefallen: Badeanzüge, Portemonnaies, Kosmetikartikel und Accessoires. Dann gingen sie zu der Freundin nach Hause, legten alle Artikel aufs Bett und begannen, ihre Beute zu sortieren. Obwohl sie damals ganz aufgeregt gewesen war, weil sie damit hatte entwischen können, empfand sie diesen Vorfall nach gut vierzehn Jahren als eine gewaltige Quelle von Schamgefühlen.

Da sie sich verpflichtet hatte, ihre Integrität wiederherzustellen und zu lernen, sich selbst tief zu lieben, wusste Cori, dass sie die Fehler ihrer Vergangenheit wieder gutmachen musste. Also war es ihre erste Aufgabe, die Filiale von Macy's, den Ort des Ladendiebstahls, anzurufen und ihre Tat zu gestehen. Nachdem sie mit verschiedenen Leuten gesprochen hatte, wurde sie zuletzt mit dem Vorstand verbunden. Als der Manager sich meldete, stellte er Cori als Erstes die Frage: »Machen Sie gerade ein Zwölf-Schritte-Programm?« Cori antwortete: »Nein, ich mache gerade ein Coachingprogramm, in dem ich in dieser Woche die Aufgabe habe, meine Vergangenheit zu klären und die Angelegenheiten zu bereinigen, die meine innere Integrität verletzen.« Cori fuhr fort und erzählte dem Vorstand ihre Geschichte. Zuletzt fragte sie ihn: »Was kann ich tun, um meine Taten wieder gutzumachen?« Nach einem Augenblick des Schweigens antwortete er: »Junge Frau, ich bin sehr beeindruckt von Ihnen. In den 24 Jahren in diesem Geschäft hat mich noch nie jemand angerufen und ein derartiges Geständnis abgelegt. Ich denke, das Beste, was Sie machen können, ist, Geld für den wohltätigen Zweck zu spenden, den Sie bevorzugen. Herzlichen Dank für Ihren Anruf.« Dann fügte er hinzu: »Nebenbei, Sie haben mich heute wirklich glücklich gemacht.« Als Cori den Hörer auflegte, fühlte sie sich erleichtert, begeistert und gestärkt. Sie fühlte sich befreit von den Ketten ihrer Vergangenheit, als wäre ein inneres Gewicht von ihr genommen worden. Sie brauchte diesen Vorfall nun nicht mehr zu verschleiern. Ihre inneren Waagschalen kamen jetzt ins Gleichgewicht, und sie hatte dieses Stück Dunkelheit in helles Licht verwandelt.

Durch ihre neu gewonnene Freiheit bestärkt und inspiriert, griff Cori rasch zum Hörer, um den zweiten Punkt auf ihrer Liste anzugehen. Im Alter von achtzehn hatte sie bei dem Auftrag, Geld für eine Europareise zusammenzubringen, eine betrügerische Forderung gegen eine Fluggesellschaft erhoben, indem sie erklärte, ihr Gepäck sei gestohlen worden. Nachdem Cori die notwendigen Papiere ausgefüllt hatte, erhielt sie einige Wochen später einen Scheck über 2500 Dollar. Cori war nun in der Verlegenheit, wie sie dieses Integritätsproblem lösen sollte, weil sie nicht so viel Geld hatte, um ihre Schulden zurückzuzahlen; sie rief aber trotzdem mutig bei der Fluggesellschaft an. Nach mehreren Anrufen kam sie an eine leitende Angestellte, die sie freundlich begrüßte. Cori gestand ihr, was sie getan hatte, und fragte die Dame, was sie tun könnte, um den Schaden zu reparieren. Mit angenehmem und beruhigendem Südstaatenakzent antwortete sie: »Gut, Sie können sicher einen Brief an die Abteilung für Human Relations schreiben und ihnen berichten, was Sie damals getan haben.« Dann fügte sie hinzu: »Meine Liebe, in Gottes Augen ist Ihnen schon vergeben.«

Cori schrieb den Brief, hatte aber anschließend noch das Gefühl, dass sie mehr zu tun hätte, um ihre inneren Waagschalen ins Gleichgewicht zu bringen. Darauf beschloss Cori, bei all ihren Freundinnen alte Kleider und Gepäck zu sammeln, um sie einem örtlichen Frauenzentrum zu spenden. Während sie mir das berichtete, erkannte Cori, dass es nicht ausgereicht hatte, nur zu sagen, dass es ihr Leid tue; sie musste mehr zurückgeben, als sie sich genommen hatte. Sie erkannte, wie das Vertuschen ihrer Vergehen nur dazu führte, dass sie sich schämte und sich durch hartnäckigen Selbsthass und einen selbstkritischen inneren Dialog bestrafte. Cori sah auch die Korrelation zwischen ihren ungeheilten Integritätsproblemen und der Tatsache, dass sie Schwierigkeiten beim Geldverdienen und -zusammenhalten hatte. Und obendrein gewann sie nun neue Einsichten darüber, warum ihre einzige Europareise eine solche Katastrophe gewesen war. Indem sie diese Vorfälle aus ihrer Vergangenheit bereinigte, konnte Cori erkennen, dass sie sich nicht vor anderen Leuten hüten musste, sondern dass sie selbst die Person war, vor der sie sich in Acht zu nehmen hatte. Cori erkannte, dass sie sich im Leben selbst treu sein und ihre höchste Integrität achten müsste; dann hätte sie auch das Gefühl, es wirklich zu verdienen, Geld zu bekommen und es zu bewahren.

Sobald wir unsere inneren Waagschalen ins Gleichgewicht bringen und unsere Integrität wiederherstellen, werden wir nicht länger in die alten Gefühle und Gedanken zurückgezogen, die an diese Ereignisse geknüpft waren. Dann spüren wir eine innere Leichtigkeit. Der Ausgleich unserer karmischen Waagschalen bringt uns in Einklang mit unserem höchsten Selbst. Wiedergutmachung ist ein Geschenk an die eigene Person. Wenn wir unsere Vergangenheit geklärt haben und uns gut fühlen, weil wir unsere inneren Waagschalen ins Gleichgewicht gebracht haben, können wir den erstaunlichen Prozess der Selbstvergebung beginnen.

Wiedergutmachung an sich selbst

Der Prozess der Vergebung verlangt von uns, neue Verhaltensweisen anzunehmen, um unsere Beziehungen zu uns selbst zu heilen. Wir sollten nach innen schauen, weil diese Verhaltensweisen bei jedem von uns verschieden sind. Jetzt ist die Zeit gekommen, um uns zu verpflichten, uns dort zu ehren, wo wir uns einmal verletzt haben. Hier folgen ein paar Vorschläge zur Transformation unserer Beziehung zu uns selbst:

- Sagen Sie sich und anderen die Wahrheit.
- Nehmen Sie sich Zeit für Ihre Lieben. Nehmen Sie sich jeden Tag Zeit, um spazieren zu gehen, Kontakte aufzunehmen und anderen mitzuteilen, was Ihnen wirklich wichtig ist.
- Meditieren Sie täglich.
- Stellen Sie Ihre Zeit Aktionen und Organisationen zur Verfügung, die uns zur Hilfe inspirieren: Kinder mit Lernproblemen, Leseprogramme in Schulen etc.
- Tratschen Sie nicht.
- Sorgen Sie für Ihren Körper mit nahrhaftem Essen, Bewegung, frischer Luft und angemessener Erholung.

- Sorgen Sie für Ihren Geist und Ihren emotionalen Körper, indem Sie Zeit allein verbringen – Tagebuch schreiben, lesen, beten.
- Respektieren Sie Ihre Grenzen und hören Sie auf Ihr inneres Gefühl für das, was gut ist und was nicht.
- Treten Sie täglich mit dem Göttlichen in Verbindung.
- Verarbeiten Sie schmerzliche Emotionen, wenn sie aufsteigen, damit sie geheilt werden können.
- Halten Sie Ihr Konto ausgeglichen und begleichen Sie die Schulden der Vergangenheit.
- Nehmen Sie sich Zeit, um sich selbst dankbar zu sein für alles, was Sie sind, für die Freude, die Sie anderen bereiten, und für das Positive, das Sie in der Welt geleistet haben.
- Essen Sie Nahrung, die Ihren Körper wirklich nährt, und hören Sie auf zu essen, wenn Ihr Magen voll ist.
- Empfinden Sie jeden Tag Dankbarkeit für alles, was Sie haben.

Wiedergutmachung befreit uns von unserer Vergangenheit und von unseren Storys. Es garantiert uns ein Leben außerhalb der Begrenzungen unserer Storys. Es segnet uns mit den größten Gaben überhaupt: Selbstachtung und Selbstliebe. Wenn wir das Tor der Vergebung durchschreiten und beginnen, uns selbst und andere Menschen mit Liebe und Mitgefühl zu behandeln, eröffnet sich eine neue Wirklichkeit. Sich für Vergebung zu entscheiden, bedeutet, sich selbst zu versprechen, dass wir unsere Vergangenheit nicht mehr benutzen wollen, um uns zu strafen, und dass wir äußerst sorgsam mit uns selbst umgehen wollen. Sobald wir uns lieben können, auch wenn wir verrückt, gehässig, neidisch oder traurig sind, sind wir wahrhaft frei. Um damit anzufangen, braucht es lediglich die Bereitschaft, uns voll und ganz zu vergeben. Niemand kann uns das abnehmen. Nur wir selbst können das tun, und zwar jetzt.

Schritte zur Heilung

1. Blicken Sie zurück auf Ihr Leben und machen Sie eine Liste mit den Namen der Menschen, die Sie in irgendeiner Weise verletzt, geschädigt, betrogen und misshandelt haben. Lassen Sie die Gesichter der Betreffenden aus Ihrer Vergangenheit vor Ihrem Auge erscheinen – frühere Arbeitgeber, Liebhaber, Schulkameraden – und achten Sie auf die Gefühle, die in Ihnen auftauchen, wenn Sie an jeden dieser Menschen denken. Schreiben Sie den Namen einer Person auf einen Zettel, zusammen mit einer kurzen Schilderung dessen, was Sie ihr angetan oder ihr gegenüber versäumt haben und was dazu führte, dass Sie sich nun schämen. Machen Sie dann ein paar langsame, tiefe Atemzüge, schließen Sie die Augen und fragen Sie sich: »Was könnte ich tun, um beim Gedanken an diese Person die Waagschalen ins Gleichgewicht zu bringen und mein eigenes Gefühl der Integrität wiederherzustellen?«

2. Notieren Sie alle Verhaltensweisen, mit denen Sie sich täglich selbst missbrauchen, einschließlich offensichtlicher und nicht so klarer Verletzungen. Brechen Sie die Versprechen, die Sie sich selbst gegeben haben? Lassen Sie sich auf Beziehungen oder Handlungen ein, von denen Sie wissen, dass Sie nicht in Ihrem höchsten Interesse sind? Halten Sie sich davon ab, offen zu sprechen, wenn Sie den Impuls dazu verspüren? Vielleicht hilft es Ihnen, über jeden Kernaspekt Ihres Lebens nachzudenken – über den Körper, die Beziehungen, die Finanzen, die Wohnung, die Umgebung – und

sich zu fragen: »Auf welche Weise verletze ich mich in diesem Bereich?«
3. Entwerfen Sie einen praktischen Plan, um für die Schäden, die Sie sich selbst und anderen zugefügt haben, Wiedergutmachung zu leisten. Was müssen Sie in der Außenwelt machen, um Ihre karmischen Waagschalen ins Gleichgewicht zu bringen? Was sollten Sie tun, um sich selbst zu vergeben und zum Zustand der Selbstliebe zurückzufinden? Achten Sie darauf, dass Ihr Aktionsplan spezifisch, messbar und objektiv ist. Was genau wollen Sie tun und wann? Es mag hilfreich sein, einen Freund zu finden – jemanden, dem Sie vertrauen –, den Sie einweihen und mit dem Sie sich austauschen, damit er Sie bei diesem Prozess unterstützt.

Kontemplation

Wunder geschehen, wenn ich meine persönliche Integrität wiederherstelle.

– 8 –

Seine einmalige Begabung finden

In unseren Storys verborgen liegt eine einzigartige Gabe, die uns von allen anderen unterscheidet. Dies ist die unbezahlbare Belohnung für alles, was wir durchlebt haben, unsere Rückkehr zur Ganzheit. Unsere Besonderheit ist unser einzigartiges Rezept, die Gesamtsumme der Erfahrungen unseres Lebens. Jedes unserer Traumata, jede unserer emotionalen Verletzungen ebenso wie unsere Freuden und Talente sind dazu da, um uns etwas zu lehren und zum höchsten Ausdruck unseres Selbst zu führen. Sobald wir den Nutzen unserer Storys erkennen und den Dramen, die wir erlebt haben, unsere besondere Gabe abgewinnen, werden wir von Ehrfurcht ergriffen vor dem Universum und seiner göttlichen Inszenierung. Wir werden vielleicht zum ersten Mal in unserem Leben begreifen, wie all die Teile unseres Daseins zusammenwirkten, um uns eine Gabe zu schenken, die unverwechselbar zu uns gehört. Dann wird es uns möglich sein, aus der Sinnlosigkeit Sinn zu gewinnen. Dann werden wir imstande sein, aus unseren Wunden und Schmerzen Weisheit zu ziehen. Wir werden begreifen, warum wir mit dieser besonderen Gabe, die allein wir besitzen, gesegnet sind. In dieser neu gewonnenen Klarheit werden wir erkennen, wie jedes Geschehnis unseres Lebens perfekt dazu inszeniert war, unser höchstes Potenzial zu entfalten. Wir werden unsere Story in einem neuen Licht sehen. Plötzlich erhält alles seinen Sinn: unsere Eltern, unsere körperlichen Beschwerden, unsere Ängste, unsere Kämpfe, unsere Siege und Niederlagen, unsere Talente und unsere Triumphe. Wir werden in der Gewissheit leben, dass wir niemals die Weisheit unserer göttlichen Gabe hätten enthüllen können, wenn wir nicht alles erlebt hätten, was wir erlebt haben.

Seine Gabe einfordern

Wir entdecken unsere besondere Gabe, wenn wir unser Leben betrachten – all unsere Schatten, unser Licht, unsere negativen Schlüsse und all unsere Erfahrungen – und uns fragen können: »Nun, wozu sollte ich diese Überzeugung oder Erfahrung gebraucht haben? Wie kann dieses Ereignis mich dazu führen, meinen einzigartigen Beitrag für die Welt zu entdecken? Welches Wissen und welche Einsichten, die ich nicht entwickelt hätte, wenn mir jene Erfahrung vorenthalten geblieben wäre, besitze ich jetzt?« Wenn wir die Gaben, die uns unsere Story gebracht hat, erkennen und nutzen können, dann wissen wir, dass wir unsere Geschichte wirklich integriert haben. Wenn wir unser Rezept aus dem Drama destilliert haben, werden wir unsere einzigartige Gabe in Händen halten. Wir werden in der Lage sein, unsere Weisheit mit der Welt zu teilen, und wir werden zu dem besten Werkzeug für diesen Zweck geführt werden. Wenn wir unsere besondere Gabe gewinnen, kann die Welt von dem Buch unseres Lebens profitieren. Dazu ist es erforderlich, dass wir unser Leben durch eine spezielle Linse betrachten und uns fragen: »Wenn mein bisheriges Leben mich dafür vorbereitet hat, etwas Besonderes in der Welt zu tun, was könnte das dann sein?«

Die meisten Menschen sind unfähig, die besondere Gabe zu

erkennen, die unsere Story für uns bereithält. Solange wir nicht mit der Vergangenheit Frieden schließen und nicht aufhören, anderen die Schuld an unseren Lebensumständen zu geben, werden wir blind für unsere einzigartigen Gaben bleiben. Aber sobald wir sowohl die hellen als auch die dunklen Seiten unseres Selbst annehmen und Verantwortung für alles übernehmen, was wir sind, packen wir unsere besonderen Geschenke aus, um sie mit anderen zu teilen. Die Leute, die in ihrer Story feststecken, frage ich immer: »Was für einen Titel würden Sie wählen, wenn Sie ein Buch schreiben sollten?« Hier folgen ein paar preisverdächtige Buchtitel, für die uns unsere Storys qualifiziert haben:

- *Wie man sein Leben zum Leiden benutzen kann,*
- *Wie man sich in 28 Tagen foltern kann,*
- *Wie man seinen negativen inneren Dialog voll erfahren kann,*
- *Wie man sich in jedem Bereich seines Lebens als unzulänglich erweisen kann,*
- *Wie man sich selbst und anderen beweist, dass man nicht liebenswert ist,*
- *Wie man Leute abstoßen kann, um zu wissen, dass man ein unerwünschter Außenseiter ist.*

Während jedes dieser Bücher eine gute Lektüre abgeben könnte, bin ich sicher, dass die meisten von uns einen Titel vorzögen, der unser höchstes Selbst zum Ausdruck brächte. Jede Erfahrung in unserem Leben hat uns besonderes Wissen und besondere Weisheit geschenkt. Alles, was uns widerfahren ist, folgte einem göttlichen Plan, um uns zu befähigen, unseren einzigartigen Beitrag in der Welt zu leisten.

Was ist der Beitrag Ihrer Story?

Nun ist es an der Zeit, die eigene Story mit völlig neuen Augen zu sehen und die Gabe zu entdecken, die in ihr liegt. Hier folgen einige Beispiele: Wenn Ihre Mutter Sie in der Kindheit verlassen hat und Ihnen zwei Frauen davongelaufen sind, könnten Sie folgende Gabe haben: »Wenn Frauen mich verlassen: Wie kann ich stark und selbständig bleiben?« Wenn Ihr Drama von dem Bedürfnis erfüllt ist, dass Männer sich um Sie kümmern sollen, weil Sie das Schattenkonzept haben, nicht selbst für sich sorgen zu können, könnten Sie folgende Gabe haben: »Frauen beibringen, ihr Leben in die eigenen Hände zu nehmen.« Wenn Sie von Ihrem Onkel missbraucht oder bei einer Verabredung im College zum Sex gezwungen wurden, könnten Sie folgende Gabe haben: »Teenagern beibringen, sich selbst zu schützen und gewisse Grenzen zu wahren.« Wenn Sie Ihr ganzes Leben lang vergeblich mit Suchtproblemen gekämpft haben, könnten Sie diese besondere Gabe für andere haben: »Kindern die Abgründe und das Trauma der Sucht erklären.«

Um Ihre besondere Gabe zu entdecken, müssen Sie sich verpflichten, alles, was Sie durchgemacht haben, zu benutzen, um einen Beitrag für das Leben eines anderen Menschen zu leisten. Sie müssen kein Hochschullehrer oder Autor sein, um Ihre besondere Gabe in die Welt zu bringen. Das, was Sie hier beitragen sollen, lehren Sie durch Ihr Beispiel. Vielleicht geben Sie Ihre Gabe an Ihre Kinder weiter oder teilen sie bei einer Wanderung mit Ihrem besten Freund. Vielleicht vermitteln Sie anderen Ihre Weisheit am Trinkwasserautomaten bei der Arbeit oder auf der Party zum zwölften Geburtstag Ihres Neffen. Jeder hat genügend Gelegenheiten dazu, immer. Es könnte auch bei der Beerdigung eines Verwandten sein oder wenn uns ein alter Schulfreund eine E-Mail schickt. Wir brauchen nicht zu wissen, wann oder wo wir die Gelegenheit haben werden, der Welt unser Geschenk zu machen; wir brauchen lediglich zu akzeptieren, dass wir tatsächlich ein Geschenk zu machen haben. Angesichts jener besonderen Gabe, die wir besitzen, werden wir tiefen Frieden mit unseren Storys erfahren und zu einem gewaltigen Sprung bereit sein – heraus aus unserem persönlichen Drama und hinein in unsere göttliche Manifestation.

Seiner Story entwachsen

Irgendwann in meinem Leben wurde mir klar, dass meine Story mich nicht weiterbrachte. Ich stand vor einer Entscheidung: Ich könnte in ihrem Innern verbleiben, so weitermachen wie bisher und hoffen, dass sich die Dinge zum Besseren wenden, und nach etwas mehr Freude oder Glück streben; oder ich könnte die ganze Sicherheit und Bequemlichkeit des Bekannten aufgeben und mich auf ein Abenteuer begeben, das mich über meine Story hinausführte. Im tiefsten Grund meiner Seele wusste ich, dass ich einer höheren Berufung zu folgen hatte. Ich sehnte mich nach der Spontaneität des Unbekannten. Ich hatte die Vorhersagbarkeit meines eigenen Lebens satt. Ich hatte das Gefühl, im Innern meiner Story aufgezehrt zu werden. Mein Drama bot mir keine Überraschungen und keine Freude mehr. Stets wusste ich, was klappen oder was schief gehen würde, welche Ziele ich erreichen könnte und was ich ein wenig außerhalb meiner Reichweite halten würde.

Schließlich kam der Tag, an dem ich den Tiefpunkt erreichte

und nicht länger bereit war, innerhalb meiner selbst gesetzten Grenzen zu leben. An jenem Tag begann ich, um den Mut zu beten, mich nicht länger selbst zu kennen, weil das mir bekannte Selbst mich im Innern leer und unbefriedigt ließ. Ich bat um die Offenbarung meines höchsten Selbst. Es war nicht so, dass ich etwas gegen das Selbst hätte, das ich kannte, aber es war eine langweilige Saga, und ich erlebte jeden Tag wie einen Film, den ich schon zu oft gesehen hatte. In gewisser Hinsicht war mein innerer Aufruhr ein Segen für mich, weil er das Verlangen stärkte, meine Story zu überwinden.

Im Verlauf meiner Scheidung wurde mir klar, dass es an der Zeit war, noch eine weitere von meinen Storys zu transzendieren, dass es wieder darum ging, entweder zu schwimmen oder zu sinken. Ich hatte gerade mein erstes Kind geboren und war unbewusst mitten ins Mutterschaftsdrama getreten, ein großes Drama mit all seinen Freuden, Triumphen, Sorgen und Ängsten. Meine Güte, war das eine Story! Ich machte mir Sorgen, wie ich existieren, wie ich allein überleben und wie ich es mir leisten könnte, den Lebensunterhalt für mich selbst und meinen Sohn zu sichern.

Als ich mich eines Tages von den Einschränkungen meiner Vergangenheit wie erstickt fühlte, stellte mir meine Schwester eine packende Frage: »Was müsstest du tun, um höchstes Glück zu empfinden, etwas in der Welt zu leisten, für deinen Sohn zu sorgen und das Leben deiner Träume zu gestalten?« Während ich über diese Frage nachdachte, erkannte ich klar, dass es für mich an der Zeit war, die Rolle der Lernenden aufzugeben und die Lehrerrolle zu übernehmen. Es war Zeit, die Weisheit, die mir in all den Jahren geschenkt wurde, nun auch mit anderen zu teilen. Mein einziges Talent, das ich wirklich kannte, war, dass ich den Segen in jeder negativen Erfahrung finden konnte. Mein Schmerz hatte mich zu einer Meisterin in der Kunst gemacht, die Erfahrungen des Lebens neu zu deuten und dazu zu benutzen, meine gegenwärtige Realität zu transformieren. Das Leid und das Trauma meiner Vergangenheit hatten mir eine einzigartige Gabe geschenkt: Licht ins Dunkel zu bringen und den Segen in allen Geschehnissen des Lebens zu entdecken. Als ich meine Fertigkeiten und Fähigkeiten einschätzte, sah ich, dass mein wertvollster Besitz aus einer unwahrscheinlichen Quelle stammte: aus dem Schmerz und den Kämpfen meiner eigenen Vergangenheit.

Als ich an dieser Kreuzung stand, erkannte ich, dass ich entweder die Erfahrungen meines Lebens einsetzen könnte, um etwas für andere Menschen zu tun, oder es meiner Vergangenheit mit all ihren Begrenzungen erlauben könnte, mich weiterhin meiner Kräfte zu berauben. Ich hatte mich für eine Richtung zu entscheiden und dieser Entscheidung Taten folgen zu lassen. Ich wusste, dass es meine Bestimmung war, Licht ins Dunkel und Heilung an die Stelle von Schmerzen zu bringen. Als ich mir überlegte, wie ich diese Bestimmung erfüllen könnte, erhielt ich eine ganz klare Botschaft: Ich musste schreiben. Ich nahm mir fest vor, jeden Tag zu schreiben.

Der Vorgang des täglichen Schreibens, unabhängig davon, ob mir danach zumute war oder nicht, half mir dabei, außerhalb meiner Geschichte zu leben. Obwohl meine Entschlossenheit stark war, wusste ich, dass ich eine Stütze bräuchte, um weiterhin so zu leben, dass mein höchstes Wesen zum Ausdruck käme. Ich hatte Position zu beziehen und eine deutliche Erklärung abzugeben: »Das bin ich.« Ich erzählte allen, mit denen ich zusammenkam, dass ich ein Buch über das Annehmen des eigenen Schattens schrieb. Das erzählte ich nicht nur meinen Freunden und meiner Familie; ich ging in die Öffentlichkeit und präsentierte mein neues Selbst bei Verlegern, Vertretern und spirituellen Lehrern. Ich musste alles riskieren, sodass es unmittelbare Folgen hätte, wenn ich wieder in meine Story abglitte. Während dieser Zeit, als ich mein höchstes Selbst manifestierte, zog ich eine ganze neue Gruppe von Freunden und Kollegen an, die nie von meinem »Ach-ich-Arme-Drama« gehört hatten. Sie kannten nur die Person, die ich sein wollte. Während ich diese Veränderungen in meinem Leben vornahm, entdeckte ich, dass die Welt darauf in anderer Weise reagierte.

Ich hatte mir seit jeher gewünscht, ein Buch zu schreiben, doch das lag immer weit außerhalb der Grenzen meiner Story. Aber das war eindeutig mein nächster Schritt. Es war mir klar, dass es für mich nur zwei Möglichkeiten gab: Ich konnte weitermachen und auf der Straße der Wiederholungen abwärts ins Nichts fahren, indem ich noch mehr neue Storys von Kämpfen, Narben und Resignation sammelte, oder ich konnte mich dafür entscheiden, einen anderen Weg einzuschlagen und an einem Ort anzukommen, an dem ich noch nie gewesen war. Um mein Ziel zu erreichen, so wusste ich, müsste ich mein Unbehagen und meine Angst vor dem Unbekannten aushalten, anstatt mich auf die falsche Sicherheit des vertrauten Terrains zurückzuziehen. Ich beschloss ganz bewusst, dass ich aufhören wollte, meinen Schattenkonzepten zu folgen, die mir zuschrien: »Du bringst nie zu Ende, was du anfängst. Du bist nicht schlau genug, um ein Buch zu schreiben; es wird sowieso niemand auf das hören, was du zu sagen hast.« Stattdessen traf ich Entscheidungen, welche meine bisherigen Grenzen überschritten. Tag für Tag tat ich etwas, was mehr mit der Person, die ich zu sein wünschte, in Einklang stand als mit der Person, die ich gewesen war.

Nachdem ich ein paar Monate bewusst außerhalb meiner Story gelebt hatte, merkte ich sofort, wenn ich wieder zurückfiel. Ich konnte spüren, wie sich jener vertraute Zustand der Resignation wie eine dunkle Wolke mit allen alten Gefühlen des Selbstzweifels, der Ungewissheit und der Furcht über mich senkte. Ich wusste, dass ich in die Grenzen meines Dramas zurückgefallen war, wenn ich wieder anfing, auf jenen kleinen, ängstlichen Teil von mir zu hören, der mich unbedingt davon abhalten wollte, nach etwas anderem als dem mir bekannten Leben zu streben. Er bat mich, bescheiden zu bleiben und nichts zu riskieren. Wenn ich wieder in meiner alten Story steckte, fühlte ich mich unbedeutend, gelangweilt und faul. Der Sprung aus meiner Story heraus verlangte von mir, anzuhalten, meine Augen zu schließen und mir selbst einzugestehen: »Oh, hier bin ich wieder, zurück im Innern meines Dramas.«

Doch außerhalb meiner Story fühlte ich mich jetzt stark und mutig, unbegrenzt und unzerstörbar. Aus meiner Vergangenheit herauszutreten und die altbekannte Geschichte hinter mir zu lassen, war für mich ein Gefühl, als würde ich einen gewaltigen Sprung von einer hohen Klippe tun. Die mögliche Fallhöhe schien tödlich zu sein. Da ich mich im Innern meiner alten Story schon als Versagerin fühlte, würde es niemand merken, wenn ich etwas ausprobierte und es nicht funktionierte. Aber nun hatte ich den Einsatz beträchtlich erhöht. Ich hatte meine Alibis aufgegeben. Wenn es mir nicht gelänge, ein Buch abzuliefern, wenn ich mich nicht als die Person erwies, die ich angeblich sein wollte, würde ich in der Hoffnungslosigkeit und Resignation eines unerfüllten Lebens versinken. Diese Vorstellung war für mich so unerträglich, dass sie mich dazu brachte, auch weiterhin hervorzutreten, etwas zu riskieren und mit einer Intensität, die ich früher nie gekannt hatte, voranzuschreiten. Dabei entdeckte ich, dass die Distanz zu meiner Story umso größer wurde, je mehr ich zum Nutzen anderer Menschen über die Erfahrungen meines Lebens schrieb.

Im Einklang mit meiner Bestimmung zu leben, gab mir Zugang zu einem Leben außerhalb meiner Story.

Unsere einzigartige, besondere Gabe zum Nutzen anderer Menschen einzusetzen, führt letzten Endes zu unserer Rettung. Denn wenn wir alles, was wir wissen, alles, was wir gewesen sind, und alles, was wir sein werden, richtig nutzen, befinden wir uns in Übereinstimmung mit der Weite des Universums und dem höchsten Ausdruck unserer Seelen. Unsere Energie und Aufmerksamkeit richten sich nicht länger auf uns und unser Drama.

Das traf bestimmt auf meine Freundin Karen zu. Sie wuchs in einer Familie auf, in der sie von ihren Eltern gescholten wurde und sich ungeliebt fühlte. In ihrer Erinnerung gibt es keine Zeit, da sie nicht in ihrem Kopf eine Stimme hörte, die ihr einredete, sie sei unzulänglich und mit Mängeln behaftet. Als sie zur Grundschule ging, hatte Karen begonnen, ihren Schmerz durch zu viel Essen zu maskieren, ihre Gefühle der Unzulänglichkeit zu unterdrücken und sich so eine Sicherheit zu verschaffen, die sie zu Hause nie empfand. Im Alter von zehn hatte sie schon ziemliches Übergewicht, und das blieb auch die meiste Zeit im Erwachsenenalter so. Das Dicksein verstärkte natürlich ihr Gefühl der Unzulänglichkeit. Da sie sich fett, unwürdig und dumm vorkam, begnügte sie sich damit, im Hintergrund zu bleiben und sich nur selten zu Wort zu melden. Stattdessen fuhr sie fort, sich mit Nahrungsmitteln voll zu stopfen, in dem Bestreben, die unangenehmen Gedanken und schmerzlichen Gefühle, die stets schreiend ihre Aufmerksamkeit verlangten, zum Schweigen zu bringen. Ihre Strategie funktionierte bis zu einem gewissen Grad. Karen fühlte sich emotional betäubt und abgetrennt von jeglichem Gefühl der Leidenschaft. Die Botschaft, die sie sich immer wieder vorspielen ließ, lautete, dass sie fett und wertlos sei und ihr Dasein keinen Sinn habe.

Dann versammelten sich eines Tages Karen und ihre Familie nach der Hochzeit ihrer ältesten Tochter ganz aufgeregt, um das Hochzeitsvideo zu sehen. Als Karen sich zum ersten Mal auf Video sah, war sie entsetzt über das, was sie da erblickte. Die Gefühle der Unzulänglichkeit, die sie mit allen Mitteln unterdrückt hatte, strömten nun hemmungslos an die Oberfläche. Sie sah die Reflexion ihrer Schattenstory in lebhaften Farben auf dem ganzen Fernsehschirm. Während Jahre von unverarbeitetem Schmerz sie überfluteten, schloss Karen die Augen und schwieg, als sie sich an all die Geschehnisse aus ihrer Vergangenheit erinnerte, bei denen sie sich unzulänglich, mangelhaft und nicht liebenswert gefühlt hatte. Als wir später darüber sprachen, ermutigte ich sie dazu, ein Tagebuch zu führen – als ein Mittel, um sich zu heilen und die Schmerzenslast loszulassen, die sie so lange mit sich herumgetragen hatte. Zusammen mit dieser täglichen Disziplin des Schreibens begann Karen zu meditieren, zu beten und so still zu werden, dass sie auf das hören konnte, was in ihrem Innern ablief.

Als Karen sich wenige Wochen später dasselbe Video wieder anschaute, war sie erstaunt darüber, wie sie es nun sah. Diesmal erschien ihr das Übergewicht nicht als Quelle von Scham und Schuld, sondern als Rüstung, die sie vor der Welt beschützte und gegen ihren Selbsthass polsterte. Nachdem sie die Gabe, die ihr diese Rüstung jahrelang geboten hatte, angenommen hatte, war Karen nun bereit, sich zu öffnen und sich aus der Sicherheit ihrer selbst verachtenden Story herauszuwagen. Das Festhalten an ihrem Übergewicht ermöglichte es Karen, sich die Wahrheit über sich selbst zu verbergen: dass sie der Liebe der ganzen Welt würdig ist. Nachdem ihre körperliche Unvollkommenheit und ihr Gewicht so lange ihr

Schlachtfeld gewesen waren, hatte sie sich nun verpflichtet, den vertrauten Pfad des Selbstmissbrauchs zu verlassen und in die Welt des Unbekannten hinauszutreten.

Karens Leben änderte sich dramatisch, nachdem sie ihre Lebensstory identifiziert hatte. Karen, die ursprünglich Kosmetikerin war, arbeitet nun als Life Coach und hilft anderen Frauen, mit Essstörungen fertig zu werden. Sie vermittelt ihnen, wie sie die Emotionen heilen können, die ihren Gewichtsproblemen zugrunde liegen. Sie zeigt ihnen, wie sie aus ihrem Versteck herauskommen und den Mut finden können, ihre authentische Schönheit zu offenbaren. Sie gibt die Geschenke, die sie sich selbst gemacht hat, an andere Frauen weiter: Selbstannahme, Sicherheit und Vertrauen in das eigene Aussehen. Wenn von Zeit zu Zeit das Gefühl, sie sei unwürdig, in ihr auftaucht, so segnet und umarmt Karen diese Empfindungen. Ganz besonders segnet sie ihr Fett, denn es war die Triebfeder hinter der Entdeckung ihrer einzigartigen Gabe und hinter ihrem Entschluss, ebendiese Gabe mit der Welt zu teilen. Nun, da sie außerhalb ihrer Story lebt, achtet Karen ihren Körper wie einen Tempel und trifft Entscheidungen, die zu seinem Wohlbefinden beitragen.

Den Schritt aus unserer Story herauszuwagen, ist so, als wollte man einen Fuß in zwei Welten setzen. Wenn wir den Lauf unseres Dramas betrachten, wissen wir mit Sicherheit, wohin er uns führen wird. Selbst wenn wir das Ziel vielleicht nicht lieben, fühlen wir uns zumindest zuversichtlich und geborgen in dem Wissen um das zu Erwartende. Aber die Entscheidung für die nicht vertraute Straße und ein Leben außerhalb unserer Story verlangt von uns, darauf zu vertrauen, dass das Universum uns den Weg zeigen und uns schenken wird, was wir brauchen.

Als ich Lyndi vor ein paar Jahren kennen lernte, war sie Anfang dreißig und arbeitete als Versicherungsmaklerin. Ihre Mutter und ihr Vater, beide Alkoholiker, hatten sich scheiden lassen, als Lyndi noch klein war, und kümmerten sich kaum um sie und ihren kleinen Bruder. Aus diesem Grund war Lyndi auf sich allein gestellt. Obwohl sie im Alter von vierzehn zu arbeiten begann, verdiente sie kaum genug, um Kleider und Schulsachen zu bezahlen. Aus diesen Kindheitserfahrungen entwickelte sich Lyndis Story: Das Leben bedeutet Kampf, und niemand ist für sie da, sodass sie für sich selbst sorgen muss. Äußerlich erschien Lyndi selbstbewusst und kompetent und erweckte den Eindruck, dass es ihr an nichts fehle. Aber sie hatte ein großes Geheimnis: Nach dem Arbeitstag in ihrem Versicherungsbüro setzte sie sich abends in ihren Wagen und fuhr los in Richtung Stadtzentrum, wo sie als Tänzerin in einer Topless-Bar arbeitete, um auf diese Weise ihren scheinbar endlosen Geldhunger zu befriedigen. Dabei sehnte sich Lyndi nach einem spirituellen Leben, aber sie hatte sich an das Zusatzeinkommen als Tänzerin gewöhnt und wusste nicht, wie sie finanziell ohne dieses Geld auskommen könnte. Schließlich forderte der Umstand, dass sie ihren Körper für Geld ausbeutete, seinen Tribut von ihrer Selbstachtung; und eines Tages konnte sie es einfach nicht mehr machen.

Fest entschlossen, aus ihrer Story herauszutreten, beschloss Lyndi, mit dem Geld, das sie vom Tanzen gespart hatte, nach Indien zu reisen. Sie hoffte wirklich, dort würde etwas Gewaltiges und Dramatisches geschehen, etwas, was sie aus ihrer Story hinaus in ihre spirituelle Essenz katapultieren würde. Aber stattdessen waren es zwei subtile, doch tiefe Erfahrungen, die letztlich ihr Schicksal änderten und ihr den Mut gaben, ihre Story zu verlassen.

Während sie ein spirituelles Seminar in Goa besuchte, begegnete sie einem Mann, der ganz ausgezeichnete Fotos mit

Motiven von Indien verkaufte. Sie wollte unbedingt jene schönen Bilder als Erinnerung mit nach Hause nehmen, um sie ihren Freunden und ihrer Familie zu zeigen und sich an ihre spirituelle Pilgerreise zu erinnern. Aber als sie sah, was die Bilder kosteten, war ihr klar, dass sie sich die Fotos nicht leisten könnte. Eine kleine Stimme in ihrem Inneren riet ihr, das Ende des Seminars abzuwarten, denn dann würde der Mann die restlichen Bilder sicher zum ermäßigten Preis verkaufen. Aber Lyndi traute ihrem inneren Wissen nicht und befürchtete, dass nichts mehr für sie übrig wäre, wenn sie nicht sofort zugriffe. Also drehte sie ihre Taschen um, kaufte die Fotos und nahm sie mit in ihr Zimmer. Als am letzten Tag des Seminars alle Verkäufer einpackten, stellte Lyndi fest, dass sie damals Recht gehabt hatte: Da war jener Mann und verkaufte dieselben Aufnahmen, die sie erworben hatte, zu einem Drittel des Preises, den sie dafür bezahlt hatte. Als sie wegging, empfand sie ein vertrautes Gefühl der Reue.

Lyndi hatte sich des Weiteren mit der Hoffnung, eine Tagesdecke ihres Vaters zu ersetzen, auf den Weg gemacht. Tagelang ging sie von Laden zu Laden, um das zu finden, was sie suchte. Gegen Ende ihrer Reise bildete sie sich ein, dass es das Gesuchte nicht gäbe. Deshalb kaufte sie wider besseres Wissen die Decke, die ihrem Wunschbild am nächsten kam. Doch als sie im Flughafen von Delhi auf ihre Maschine wartete, ging sie in einen kleinen Laden und sah dort in der Ecke genau diejenige Decke hängen, die sie für ihren Vater hatte kaufen wollen. Leider waren zu jenem Zeitpunkt Lyndis Koffer voll und ihr Portemonnaie leer. Zu ihrem großen Erstaunen erkannte sie, dass ihr alles mühelos zugefallen wäre, wenn sie dem Universum und ihrem inneren Wissen vertraut hätte.

Anstatt in der Freude über die Göttlichkeit des Universums zu schwelgen, wurde Lyndi direkt mit den beengenden Einschränkungen ihrer Story konfrontiert, die ihr einredeten, sie könne nicht darauf vertrauen, dass das Universum für ihre Bedürfnisse sorgen werde. Als sie mir diese Geschichte erzählte, tauchte eine tiefere Wahrheit auf, denn Lyndi entdeckte ihr zentrales Schattenkonzept: »Ich kann nicht darauf vertrauen, dass irgendjemand für meine Bedürfnisse sorgt.« Denn wenn es hart auf hart ging, übertrat Lyndi stets die Linie ihrer inneren Integrität und versuchte, etwas in Bewegung zu setzen, in der Überzeugung, dass ihre Bedürfnisse sonst niemals erfüllt würden. Sie hatte jedoch in unzähligen Fällen erlebt, dass das Universum ihr genau das schenkte, was sie brauchte, wenn sie einfach losließ, ihren Weg ging und ihre Story aufgab. Es zeigte sich ganz klar, dass ihre Story und das ganze Drama ihr die spezielle Weisheit und ein ganz besonderes Geschenk gegeben hatten: nämlich andere zu lehren, dem Universum zu vertrauen, ihren Willen aufzugeben und auf ihr inneres Wissen zu hören. Inzwischen ist Lyndi Meditations- und Yogalehrerin geworden und fordert ihre Schüler oft etwa mit folgenden Worten auf: »Hört auf euer Herz und macht diesen Glaubenssprung.« Außerhalb ihrer Story, rezitiert Lyndi nun ein neues Mantra: »Das Universum gibt mir alles, was ich brauche.« Sie fühlt sich gesegnet, weil sie weiß, dass Gott durch ihr inneres Wissen zu ihr spricht.

Der Prozess, seine besondere Gabe zu finden

Um Ihre besondere Gabe zu finden, müssen Sie sowohl die positiven als auch die negativen bedeutsamen Ereignisse Ihres Lebens, die Sie zu der Person gemacht haben, die Sie heute sind, identifizieren und integrieren. Dieser Prozess erfordert, dass Sie verschiedene Dinge tun:

1. *Machen Sie eine Liste der wichtigen Ereignisse Ihres Lebens, einschließlich Ihrer Verletzungen, Siege, Lieben, Verluste und Demütigungen.* Dies sind die speziellen Zutaten für Ihr Rezept, die Ihnen, sobald sie integriert sind, alles geben werden, was Sie brauchen, um Ihre besondere Gabe zu finden und Ihren einzigartigen Beitrag zu leisten.
2. *Suchen Sie nach dem gemeinsamen Thema oder den Themen, die in jedem dieser Ereignisse vorkommen.*
Möglicherweise ist Verlust das Thema, das Ihre Lebensstory durchdringt. Vielleicht entdecken Sie auch, dass Sie von Ihrer Familie vernachlässigt, von Ihresgleichen zurückgewiesen oder bei der Arbeit übergangen wurden. Das Thema Ihrer Vergangenheit kann sein, dass Sie vermeintlich niemals gut genug sind – um die Rolle in dem Stück zu bekommen, in die richtige Schule aufgenommen zu werden oder einen zuverlässigen Lebensgefährten zu finden.
3. *Fragen Sie sich: »Wenn ich eine Schulklasse auf der Grundlage der Ereignisse meiner Vergangenheit zu unterrichten hätte, was wäre dann das Thema meiner Stunde?«*
Sie möchten herausfinden, zu welchem Unterricht oder Beitrag die Erfahrungen Ihres Lebens Sie in einzigartiger Weise qualifiziert haben. Was wissen und verstehen Sie vom Leben, was den meisten anderen abgeht? Was haben Sie aus all Ihren Erfahrungen gelernt, das für andere von Nutzen sein könnte?

Meine Schwester Arielle ist ein großartiges Beispiel für einen Menschen, der seine Story und deren ganzen Inhalt dazu benutzt, um sich zu bestärken und etwas für die Welt zu leisten. Arielle ist Meisterin der Kunst, etwas zu organisieren. Ich bat sie, mir einige der bedeutsamen Ereignisse und Vorfälle aus ihrer Vergangenheit zu schildern, mit deren Hilfe sie ihre einzigartige Gabe entdeckt und entwickelt hatte. Als sie nach innen schaute, ragten drei Ereignisse besonders heraus: Das erste geschah eines Tages, da sie im Alter von vier Jahren mit unserer Familie zur Kirche gegangen war. Als sie die Kirche betraten, hörte Arielle im Vorbeigehen, wie Sy Mann, der damalige Kirchenvorstand, zu einem anderen Erwachsenen sagte, die Leute würden während des Gottesdienstes zu viel schwatzen. Als dies dann wieder so geschah, stand Arielle aus einer plötzlichen Laune heraus auf und begann, in ihrem hübschen rosa Kleid und ihren schwarz lackierten Lederschuhen auf den Gängen der Kirche hin und her zu laufen, wobei sie aus voller Lunge schrie: »Sy Mann sagt, ihr sollt die Klappe halten!« Plötzlich starrten alle Arielle an und lachten über die Offenheit dieses kleinen Mädchens. Arielle erinnert sich, dass sie Scham und Schrecken empfand und deshalb beschloss, dass sie nie wieder auffallen wollte. Sie bemühte sich während der nächsten zwanzig Jahre ihres Lebens eifrig darum, nicht aufzufallen und das Rampenlicht zu meiden.

Das zweite Ereignis geschah im Alter von sieben. Arielle war von Fantasygeschichten, Märchen und Magie fasziniert. Als ihre kleine Schwester erinnere ich mich daran, dass wir zu Hause Séancen abhielten und die Mitschüler mich »Hexenschwester« nannten, weil Arielle hüftlange schwarze Haare hatte, immer schwarze Sachen trug und andere Wirklichkeiten erforschte. Ich wusste, dass etwas Besonderes an Arielle war, und jeder, der ihr begegnete, konnte es sehen. Einer der unvergesslichen Vorfälle ihres Lebens ereignete sich, als sie sieben Jahre alt war. Arielle wachte mitten in der Nacht auf und sah unseren Großvater Lou am Fußrand ihres Bettes sitzen. Er sagte: »Ich bin gekommen, um mich zu verabschieden und dir zu sagen, dass ich immer bei dir sein werde.« Dann löste sich seine Gestalt auf. Im gleichen Moment hörte Arielle das Telefon läuten, sah Licht im Haus angehen und vernahm, wie unsere Mutter aufschrie. Ein paar Minuten später kam Vater in ihr Zimmer, um ihr mitzuteilen, dass unser Opa gestorben sei. Arielle antwortete: »Ich weiß, Papa. Er hat es mir schon erzählt.« Von jenem Moment an wusste Arielle, dass zum Leben noch mehr gehörte als nur das, was man im Normalbewusstsein sehen und greifen konnte.

Das dritte Ereignis geschah an ihrem ersten Tag im College. Als Arielle sich für das Hauptfach Fernsehproduktion einschreiben wollte, erwartete sie der Dekan ihrer Schule, der ihr schnell zu verstehen gab, dass Frauen beim Fernsehen keine Zukunft hätten. Er erklärte ihr, sie hätte in der Journalistenschule bessere Aussichten. Der Rat des Dekans veranlasste Arielle, die Feinheiten des Journalismus zu studieren und dabei gleichzeitig ihre schriftstellerischen Fertigkeiten auszubilden. Nach dem Collegeabschluss entschied Arielle, dass die Arbeit, bei der sie ihre Talente und Fähigkeiten am besten nutzen könnte, nicht im Journalismus, sondern im Bereich der Public Relations zu finden wäre.

In den nächsten zehn Jahren organisierte sie erfolgreich Veranstaltungen für Künstler, Entertainer und Firmen, aber sie fühlte sich dabei unbefriedigt und frustriert. Doch dann kam ihr eines Tages die Erkenntnis, dass sie ihre tiefe Spiritualität in den Beruf einbringen müsse. Ihre gesamte bisherige Arbeit hatte sie darauf vorbereitet, ihre ganz besondere und einmalige Gabe in die Praxis umzusetzen und so das zu leisten, was für sie wirklich wichtig war. Heute gehört sie zu den mächtigsten und einflussreichsten Personen in der spirituellen Welt. Sie promotet nicht nur die besten spirituellen Führer unserer Zeit, sondern als Agentin sorgt sie auch dafür, dass wichtige Botschaften verbreitet werden, und ist Autorin der Serie *Hot Chocolate for the Mystical Soul.*

Im Rückblick auf diese drei entscheidenden Geschehnisse in Arielles Leben zeichnen sich deutlich zwei Themen ab: Das erste lautete, dass es für sie nicht sicher war, im Rampenlicht zu stehen. Die subtile Botschaft, die Arielle bei den Vorfällen in der Kirche und im College empfangen hatte, war, dass sie ihre Meinung nicht offen sagen, sondern lieber im Hintergrund bleiben sollte. Das andere Thema betrifft ihre tiefe Verbindung mit der spirituellen Welt. Als Arielle sich überlegte, wofür sie ihre Lebenserfahrungen ganz besonders qualifiziert hatten, erkannte sie, dass sie die Fähigkeit, das Know-how und die Kraft hatte, wichtige Botschaften in der Welt zu verbreiten. Anstatt sich durch die Ereignisse ihres Lebens entmutigt und als Opfer zu fühlen – was sie ohne weiteres hätte tun können –, beschloss sie, ihre Vergangenheit, ihren Schmerz und ihre Gaben zu nutzen, um etwas Besonderes zu leisten.

Jeder von uns besitzt dieses Potenzial, unabhängig davon, wie tragisch, ermüdend oder befriedigend seine Vergangenheit auch sein mag. Wir sollten unser Leben erforschen und unsere Gaben sowie unseren Beitrag ausgraben. Wir haben Dinge gelernt und durchlebt, die andere Menschen nie erfahren haben. Unsere Erfahrung macht uns zu Experten. Und die Welt braucht dringend, was wir anzubieten haben.

Das galt auch für Johanna, die jahrelang in ihre Story verwickelt war, weil sie sich für eine ganz schreckliche Person hielt. Als ich Johanna kennen lernte, war sie von Qual und Scham erfüllt, weil sie in Deutschland geboren und aufgewachsen war und deshalb jenem Volk angehörte, die so furchtbare Gräueltaten an Millionen Juden begangen hatte. Johanna hatte unter Depression, Wut und Angst zu leiden, die so tief gingen, dass sie den Schmerz kaum ertragen konnte. Diese Story verzehrte jeden ihrer Gedanken. Mir war klar, dass Johanna die Gabe, die ihr Schmerz in sich trug, finden musste, wenn sie genesen und aus ihrer Story heraustreten wollte.

Ich bat Johanna, mir zu erzählen, wie es für sie gewesen war, in Deutschland fünfzehn Jahre nach dem Zweiten Weltkrieg geboren worden zu sein. Sie berichtete, dass sie in ihrem kleinen, malerischen Dorf in einer hügeligen Landschaft eine friedliche und glückliche Kindheit verbracht hatte. Mit acht oder neun begann Johanna jedoch, Geschichten zu hören, die ihre Eltern und Großeltern über die Kriegszeit erzählten. Von ihnen erfuhr sie, wie es gewesen war, als überall Bomben fielen und man die Nächte aus Sicherheitsgründen im Keller verbringen musste. Sie malte sich die Qualen von Müttern und Vätern aus, die nicht wussten, ob sie ihre Söhne jemals wieder sehen würden. Während ihre Angehörigen ihre leidvollen Erinnerungen austauschten, erfuhr sie voller Entsetzen von der Furcht, dem Leid und dem Hunger, die in jenen düsteren Zeiten in Deutschland herrschten.

In der achten Klasse sah Johanna eines Tages einen Dokumentarfilm über den Krieg. Dies war das erste Mal, dass sie die Auswirkungen der in ihrem Land geschehenen Gräuel tatsächlich sah und begriff. Tränen brannten in ihren Augen, und tiefe Scham ergriff sie, als sie erkennen musste, dass sie Angehörige eines Volkes war, das den Juden so entsetzliche Gewalt angetan hatte. Plötzlich kam ihr noch ein schlimmerer Gedanke: »Was bedeutet es denn für mich, wenn die Leute meines eigenen Landes Millionen Menschen kaltblütig umbringen konnten? Könnte ich zu denselben schrecklichen Verbrechen fähig sein, die von meinen eigenen Landsleuten verübt wurden?« In jenem Augenblick empfand Johanna tiefe Scham über ihr Erbe und nahm sie auf sich.

Dann forderte ich Johanna auf, als nächsten Schritt eine Liste der bedeutsamen Ereignisse aus ihrer Vergangenheit zu machen, die ihr immer noch schwer auf der Seele lasteten. Was waren die Vorfälle und Geschehnisse, die in ihr immer noch Verlegenheit, Wut oder Scham auslösten? Hier folgt ihre Liste:

- Als Kind hat man mir erzählt, dass die Deutschen nicht selbständig dachten, sondern auf Kosten von Millionen Menschenleben blindlings Hitler folgten. Deshalb beschloss ich, mich niemals irgendeiner Organisation anzuschließen, aus Furcht, mein Urteilsvermögen zu verlieren.
- In meinem Leben haben mir die Leute oft gesagt: »Du bist so nett. Du bist nicht wie die Nazis.« Ich beschloss, dass man mich für eine schlimme Deutsche halten könnte, wenn ich allzu offen und energisch wäre, und deshalb unterdrückte ich meine Stärke und meine Führungsqualitäten und versuchte, immer nett und zurückhaltend zu sein.
- Nachdem ich in die Vereinigten Staaten umgezogen war und die Feindseligkeit mancher Amerikaner gegen die Deutschen unmittelbar erfahren hatte, zog ich mich von meinen deutschen Freunden zurück und sprach zwölf Jahre lang nicht mehr mit ihnen.
- Als ich einmal nach Frankreich fuhr, warnte mich mein Reisegefährte: »Die Franzosen hassen die Deutschen; deshalb sagst du ihnen lieber, du seist Schweizerin oder Österreicherin.« Ich dachte mir, es sei nicht in Ordnung, ich selbst zu sein, und begann, verschiedene Rollen zu spielen, um mich anzupassen.
- In meiner Kindheit erzählte mir meine Mutter, dass sie mit ein paar jüdischen Kindern aus ihrer Straße zu spielen pflegte. Nach Ausbruch des Zweiten Weltkriegs seien sie eines Tages einfach verschwunden. Ich war entsetzt. Das Wissen um solche Vorfälle führte dazu, dass ich mich in Gesellschaft von Juden unbehaglich fühlte.

- Als ich gerade in die Vereinigten Staaten gekommen war, ging ich zu einer Party meines Chefs, der zufällig Jude war. Als Partyspiel schrieb man den Namen einer berühmten Person auf den Rücken eines jeden Gastes, der hereinkam. Danach sollte jeder die anderen Gäste befragen, um herauszufinden, wessen Name auf seinem Rücken stand. Da ich mir meines Erbes überdeutlich bewusst war, betete ich insgeheim, dass man mir nicht den Namen eines Nazis auf den Rücken geschrieben hatte. Aber zu meinem Entsetzen war der Name, den man mir verpasst hatte, Adolf Hitler.
- In meiner Jugend besuchte ich einmal ein Café in unserer Kleinstadt in Deutschland. Dort saß ein Freund meines Großvaters am Tisch und prahlte mit seiner Treue zur NSDAP: »Ich trage immer noch mein braunes Hemd!« Ich war krank vor Scham und Erniedrigung und darüber entsetzt, eine der Ihren zu sein.
- Nachdem ich einen Dokumentarfilm über den Krieg gesehen hatte, versuchte ich, alles in mir auszulöschen, was als dunkel oder böse gelten könnte. Ich bemühte mich, keinem Menschen je etwas Schlechtes anzutun, in der Hoffnung, dies garantiere mir, dass mir nie etwas Schlimmes geschehen würde. Ich wurde hart und beherrschend, und deshalb erfuhr ich nur selten Freude.
- Da ich die Verwüstungen kannte, die Wut erzeugen kann, ließ ich es niemals zu, wütend zu werden, selbst innerhalb von akzeptablen Grenzen. Ich dachte, ich müsste nett zu allen Menschen sein, selbst wenn sie mich schlecht behandelten.

Es war offensichtlich, dass die Ereignisse in Johannas Leben ihr ein ganz besonderes Rezept gegeben hatten. Im nächsten Schritt sollte sie ihre Gaben finden. Ich forderte sie auf, eine

Liste von allem zu machen, was sie dank ihrer Erziehung in Deutschland gelernt und erworben hatte. Hier folgt eine Sammlung der Fähigkeiten und Talente von Johanna, die sie ohne ihre spezifischen Erfahrungen nicht hätte:

- Meine Kindheit im Nachkriegsdeutschland weckte mein leidenschaftliches Interesse für Geschichte. Ich wurde zu einer eifrigen Leserin und versuchte, alles über den Holocaust zu erfahren.
- Ich begann, mich für Selbsthilfe und menschliches Potenzial zu interessieren. Um besser zu begreifen, wie ein Wahnsinniger ein ganzes Land zu so unvorstellbaren Verbrechen mitreißen konnte, beschäftigte ich mich außerdem mit Psychologie.
- Weil ich mein Erbe hasste, fiel es mir leicht, neue Freunde zu finden und etwas über andere Kulturen zu lernen.
- Ich hatte stets großes Interesse an jeder Form von humanitärem Engagement. Ich verbrachte einen großen Teil meiner Teenagerzeit damit, gegen Gewalt zu protestieren und friedliche Bestrebungen zu unterstützen.
- Weil ich über die an den Juden verübte Gewalt entsetzt war, nahm ich mir schon in jungen Jahren vor, mein Leben der Liebe, dem Dienen und dem Heilen zu widmen.
- Ich entwickelte ein starkes Interesse am Judentum und studierte die Kabbala.
- Ich schaue bei den Menschen eher auf das, was sie verbindet, als auf das, was sie trennt.
- Ich habe Talent, Mittel und Wege zu finden, um Konflikte friedlich zu lösen, sei es zwischen mir und meinem Exmann oder unter meinen Kindern. Weil ich nicht möchte, dass jemand verletzt wird, scheue ich keine Mühe, um Lösungen zu finden, die für alle Seiten befriedigend sind.

- Ich habe gelernt, mich gut anzupassen, und kann Menschen mit unterschiedlichen Ansichten Sachverhalte auf vielerlei Weise erklären.
- Ich habe gelernt, dass ich meine Probleme niemals heilen und im Leben voranschreiten kann, solange ich den Schmerz meiner Vergangenheit verschweige.
- Mir liegt daran, den Nachkommen der Opfer ebenso wie denen der Täter des Holocausts Versöhnung zu bringen. Ich bin in der einzigartigen Position, in globalem Maßstab zur Heilung dieses Problems beizutragen.

Johanna war in der Lage, die vielen Gaben in ihren schmerzlichen Erfahrungen zu erkennen. Aber sie war sich noch nicht sicher, wie sie ihre besondere Gabe zum Nutzen anderer Menschen einsetzen sollte. Letztes Jahr lernte Johanna Rosemary kennen, die in der jüdischen Gemeinschaft aktiv ist, und die beiden freundeten sich bald an. Eines Tages begannen sie, sich über die Verletzungen zu unterhalten, die es immer noch unter Deutschen und Juden gibt. Johanna sprach mit Rosemary über den Schmerz, den sie als Deutsche empfand, einen Schmerz, unter dem sie ihr ganzes Leben litt. Sie erklärte Rosemary, dass viele ihrer deutschen Freundinnen noch Scham über die Gräuel empfänden, die vor über fünfzig Jahren begangen wurden. Rosemary war von Johannas Aufrichtigkeit gerührt und erzählte ihr, dass die meisten ihrer jüdischen Bekannten niemals daran gedacht hätten, wie sehr diese Gräueltaten auch diejenigen Deutschen betroffen machten, die sich nicht an jenen Verbrechen beteiligt hatten. Nachdem sie Johannas Einstellung kennen gelernt hatte, begriff Rosemary, dass jene Ereignisse auch die Deutschen zu Opfern gemacht hatten.

Dann kamen Johanna und Rosemary auf die brillante Idee,

einen Dokumentarfilm über die Auswirkungen des Holocausts auf die nachfolgenden Generationen von Juden und Deutschen zu drehen. Rosemary wandte sich an einen preisgekrönten Dokumentarfilmer, den sie kurz zuvor in Kalifornien kennen gelernt hatte; der erklärte sich bereit, den Film zu produzieren. Alle, die von diesem Projekt erfahren, sind tief gerührt und bewegt, weil sie in ihrem Herzen spüren, wie wichtig diese Botschaft für die Heilung des globalen Schmerzes ist.

Da Johanna nun für ein höheres Ziel arbeitet, empfindet sie auch keine Scham mehr angesichts ihres Erbes oder irgendeines der Vorfälle aus ihrer Vergangenheit. Zum ersten Mal begreift sie nun wahrhaft den tieferen Sinn des Schmerzes und des inneren Aufruhrs, unter denen sie all jene Jahre leiden musste. Mittlerweile segnet sie ihren Schmerz, denn er schenkte ihr die nötige Weisheit, um etwas Besonderes in der Welt zu leisten. Johanna weinte, als sie mir erzählte, sie habe sich ihr ganzes Leben lang gefragt: »Wozu bin ich hier?« Jetzt weiß sie die Antwort. Das Gefühl, Teil eines größeren Ganzen zu sein, hat Johanna den lang ersehnten Frieden gegeben. Sie sorgt nun auch besser für sich selbst – das betrifft, was sie isst oder wie sie mit sich umgeht –, weil sie weiß, dass sie eine kostbare Gabe besitzt, die der Welt Heilung bringen soll.

Johannas Arbeit hat sich gelohnt. Sie entdeckte die besondere Fähigkeit, die in ihrer schmerzlichen Lebensgeschichte verborgen war. Ihre neue Aufgabe ist es, als Katalysator für die Heilung zwischen Deutschen und Juden zu wirken. Sie gestand mir neulich, dass sie niemals den Mut gehabt hätte, auch nur ein Wort an eine jüdische Person zu richten, wenn sie nicht bereit gewesen wäre, ihre Scham zu bewältigen und die »Klumpen in ihrem Teig« zu bearbeiten.

Unsere besonderen Talente werden häufig aus unserem Schmerz heraus geboren. Sie gehören zu den einzigartigen Gaben, die wir der Welt anzubieten haben. Es gibt nicht *die* richtige Gabe, und keine zwei sind gleich. Unsere besondere Gabe ist das, was uns befähigt, unsere Story zu nutzen, statt uns von unserer Story ausnutzen zu lassen. Sie ist unsere einmalige Chance, etwas für die Welt zu tun, zu wissen, dass wir etwas Besonderes leisten und dass unsere Prüfungen und Leiden nicht umsonst gewesen sind. Der Prozess, unsere besondere Gabe zu finden, bringt uns dazu, die Ereignisse unseres Lebens neu zu interpretieren und ihnen einen neuen Sinn zu geben, der uns erhebt und über die Begrenzungen unserer Story hinausführt. Wir alle haben die Wahl. Wir können uns dafür entscheiden, das uns gegebene Rezept zu einem wertvollen Meisterstück zu mischen, das unsere Seelen und diejenigen unserer Mitmenschen nähren wird. Oder wir lassen unsere kostbaren Rezepte einfach ungekocht. Unsere einzigartige Gabe zu enthüllen, ist der wichtigste Schritt, den wir tun können, um unser Leben zu transformieren und außerhalb unserer Story zu leben. Wenn Sie Ihre besondere Gabe recht zu nutzen wissen, dürfen Sie wirklich stolz auf sich selbst und Ihr Leben sein.

Schritte zur Heilung

1. Finden Sie zehn Vorfälle – sowohl positive als auch negative –, die Ihr Leben entscheidend beeinflusst haben. Denken Sie über jeden einzelnen Fall nach und fragen Sie sich:
   - Welche Talente und Fähigkeiten besitze ich aufgrund dieser Erfahrung?
   - Wie kann ich diesen Vorfall für mich selbst und andere nutzen?

- Wenn mein Leben mich darauf vorbereitet hätte, ein besonderes Bedürfnis in der Welt zu befriedigen, was wäre das?
2. Stellen Sie sich vor, Sie würden gebeten, einen Hochschulkurs abzuhalten, der auf der Essenz all Ihrer Lebenserfahrungen basiert. Was wäre das Thema Ihres Kurses?

Kontemplation

Ich habe eine besondere Gabe, die so kein anderer in der Welt besitzt. Es ist für mich richtig, meine Gabe zum Wohle anderer Menschen einzusetzen.

— 9 —

Außerhalb seiner Story leben

Innerhalb unserer Storys zu leben, garantiert uns ein Leben in Furcht und Mangel. Die Furcht redet uns ein, vorsichtig zu sein, uns zu verstecken und uns klein zu machen, damit wir uns nicht exponieren. Der Mangel veranlasst uns, unsere Seele zu verletzen, indem wir versuchen, nach allem zu greifen, was uns besser aussehen lässt und unser Wohlbefinden fördert. Wenn wir Mangel empfinden, wenn wir greifen, wenn wir über uns und andere urteilen, dann sind wir ganz sicher innerhalb unserer Story verfangen. Außerhalb von ihr gibt es keinen Mangel. Da existieren nur die Überzeugung und das innere Wissen, dass alles ist, wie es sein soll. Indem wir auf unseren inneren Dialog hören und uns oft kontrollieren, können wir in jedem Moment erkennen, ob wir uns innerhalb oder außerhalb unserer Story befinden.

Außerhalb der Grenzen unserer persönlichen Dramen reflektiert unser innerer Dialog die grenzenlosen Möglichkeiten, die uns jeden Augenblick zur Verfügung stehen. Dort sind wir von Empfindungen erfüllt, die unser höchstes Selbst spiegeln, statt von Gefühlen, die unsere niedrigsten Gedanken wiedergeben. Wir sind von einem inneren Wissen erfüllt, das uns sagt: »Ich vertraue darauf, dass mich das Universum an den Ort meiner Bestimmung führen wird. Ich liebe das Leben. Alles entfaltet sich in göttlicher Ordnung. Ich habe genug. Ich bin genug.

Ich bin gesegnet. Ich kann es schaffen. Ich glaube an mich selbst. Das ist gut für mich! Wie kann ich dir dienen?« Außerhalb unserer Storys schwelgen wir in Freude, Erregung, Fülle, Offenheit, Begeisterung, Heiterkeit, Vertrauen, Dankbarkeit, Ehrfurcht, innerem Wissen, Selbstvertrauen, Wertschätzung, Respekt, bedingungsloser Liebe und grenzenloser Energie.

Hinaustreten

Es gibt Tage, an denen unsere inneren Dialoge eher mit unseren persönlichen Dramen übereinstimmen als mit unserer wahren Größe. Um aus unseren Storys hinauszutreten, müssen wir zuerst erkennen, dass wir uns darin befinden. Wir sollten sagen können: »Dies ist meine Story. Dies sind meine Schattenkonzepte. Dies ist meine Schattenbox, die mir den ganzen Tag den Kopf voll macht.« Wenn wir am Morgen aufstehen und als Erstes von unserer Schattenbox zu hören bekommen: »Du bist wertlos, du wirst nie bekommen, was du willst« oder »Du siehst schrecklich aus, warum ernährst du dich nicht bewusster?«, dann machen die meisten einfach mit, anstatt zu erkennen, dass sie in ihrer Story verfangen sind. Wir stürzen uns darauf. Wir beißen an. Wir melden uns an. Wir hören jener Stimme nicht nur zu, nein, wir werden jene Stimme, und statt den Film anzuschauen, werden wir der Star der Show.

Kürzlich war ich mit Ethan zusammen, einem 39-jährigen holistischen Heiler, der mir erzählte, wie anders er sich fühle, wenn er sich innerhalb seiner Story befinde, im Gegensatz dazu, wenn er frei von Einschränkungen sei. »Ich bin nicht sicher in der Welt« ist das Thema von Ethans Story. Neugierig geworden, wollte ich mehr wissen.

Wie zahlreiche andere Suchende war Ethan viele Jahre lang

den Pfad der Selbstverbesserung gegangen. In dem Bestreben, sich zu transformieren, suchte er überall, lernte Technik um Technik, versuchte, innere Sicherheit zu verspüren und mehr zu werden, als er gewesen war. Ethan wusste, dass in seinem Innern mehr war als das, was ihm bisher zugänglich gewesen war. Frustriert von seiner Unfähigkeit, in seiner Karriere erfolgreich zu sein, und in seinem verzweifelten Verlangen nach einem Gefühl der Sicherheit, betäubte sich Ethan mit Cannabis, weil er sich davon Frieden und die ersehnte Zufriedenheit erhoffte. Da er die Schranken zwischen dem Selbst, das er kannte, und dem Selbst, das er sich erträumte, unbedingt niederreißen wollte, schrieb sich Ethan in meinem Coachingprogramm ein. Eine seiner ersten Übungsaufgaben war es, die Storys im Zusammenhang mit jedem Aspekt seines Lebens zu identifizieren. Ethan begann damit, sein Drama zu untersuchen, indem er zu ergründen versuchte, warum er Marihuana rauchte. Seine Story redete ihm ein, dass der Konsum des Rauschmittels seine Kreativität und sein Selbstvertrauen steigere, aber in Wahrheit entfernte das Gras ihn von dem Leben, das er sich ersehnte. Seine Sucht trennte ihn sowohl von seinem Schmerz als auch von seiner Leidenschaft. Ich forderte Ethan auf, die Gefühle und die anderen Verhaltensmuster, die innerhalb dieser Story existierten, zu identifizieren.

In den Grenzen seiner Story gefangen, pflegte Ethan jeden Tag Stunden damit zu verbringen, high zu werden und über seine Zukunft zu phantasieren. Er träumte von verschiedenen Projekten und tat so, als ob diese endlosen Planspiele tatsächlich zu einem Resultat führen würden. Ethan machte sich immer »bereit«, in Aktion zu treten, trat aber nie in die Arena der Verwirklichung, weil er zu ängstlich war. Innerhalb seiner Story fürchtete Ethan sich davor, anderen Menschen seine Träume mitzuteilen, denn er hatte das Gefühl, wenn er das täte, würde er den Impuls und die Fähigkeit verlieren, sie zu verwirklichen. Weil Ethan daran lag, akzeptiert zu werden, fürchtete er die Ablehnung durch andere, die ihn in seinen Bestrebungen vielleicht nicht unterstützen würden.

Im Innern seiner Story hatte Ethan das Gefühl, er wäre klein und die Welt wäre groß. Stets fühlte er sich ängstlich, besorgt, betäubt, zornig, resigniert, hoffnungslos und betrogen. Weil er im Innern seiner Story immer unsicher war, versteckte er sich und versuchte, unbemerkt zu bleiben.

Nach einer der vielen Nächte voller Phantasien und Hirngespinste betrachtete sich Ethan eines Morgens im Badezimmerspiegel und erblickte da einen alternden Mann, der seine Träume nicht gelebt hatte. Er sah das Gesicht eines großen Hochstaplers, der immer noch so tat, als wäre er auf dem Weg zum Erfolg, obwohl seine Story ihn in Wirklichkeit nirgendwohin führte. Nachdem er jahrelang an sich gearbeitet hatte, fasste Ethan den Entschluss, das Marihuanarauchen aufzugeben und außerhalb seiner Story zu leben.

In dieser Position war Ethan nun in der Lage, sein Herz zu öffnen und sich dabei sicher zu fühlen, wenn er den Mitmenschen seine Gefühle zeigte. Heute spricht er mit anderen über seine Zukunftspläne, noch bevor er weiß, wie er sie verwirklichen soll, und ist zuversichtlich, dass er zum richtigen Handeln geführt wird. Außerhalb seiner Story verbringt Ethan nun viel weniger Zeit mit Planen und mehr Zeit mit Handeln. Er ist weniger besorgt, ob er akzeptiert wird, und probiert Neues aus, unabhängig davon, ob er weiß, wie er es machen soll. Außerhalb seiner Story pflegt Ethan seine Gesundheit, achtet auf seinen Körper und raucht kein Pot mehr. Ethan teilte mir mit, dass er sich selbst gut und stark genug fühle, um Einfluss auf seine Umwelt zu nehmen, gleichgültig, ob er geliebt werde oder nicht.

Wenn er unbelastet von den Einschränkungen seines persönlichen Dramas ist, fühlt er sich der Welt verbunden, optimistisch, kreativ, zuversichtlich, getragen und sicher. Außerhalb seiner Story empfindet er sich als Herr der Lage: Das Leben bietet ihm eine Palette unbegrenzter Möglichkeiten. Er fühlt sich ehrlich und authentisch, kraftvoll und produktiv, und vor allem hat er das Gefühl, dass er etwas bedeutet.

Sind Sie drinnen oder draußen?

Einer der wichtigsten Schritte, um aus unserer Story herauszukommen, ist die Fähigkeit, zu erkennen, wann wir in ihrem Innern leben. Suzanne war eine Teilnehmerin an einem meiner letzten Workshops, bei dem wir über die Begrenzungen unserer Storys diskutierten. Sie erzählte mir, dass sie am letzten Tag des Prozesses früh aufgestanden sei und in ihrem Hotelzimmer gesessen habe, von dem aus man eine schöne Bucht überschauen konnte. Die Aussicht habe nicht vollkommener sein können und sie habe tiefen Frieden empfunden. Sie saß auf einer bequemen Couch am Fenster, und durch die geöffnete Glasschiebetür strömte die frische Meeresluft herein. Für Suzanne war dies der perfekte Rahmen, um ein paar Minuten lang still zu meditieren. Sie schloss die Augen und begann tief zu atmen.

Aber innerhalb von wenigen Sekunden erinnerte sie sich plötzlich an einen demütigenden Vorfall, der vor über zwanzig Jahren mit einem Mann passiert war. Suzanne war entsetzt. Der Augenblick des Friedens und der Stille wurde von dieser Erinnerung brutal unterbrochen, und schon bald fühlte sie sich betrogen, gedemütigt und ohnmächtig, während sich jenes Ereignis immer wieder in ihrem Geist abspielte. Auf einen Schlag wurde sie mitten in ihre Story zurückgeworfen, die ihr einredete, sie verdiene keinen Respekt. Anstatt sich zu distanzieren und zu erkennen, dass sie in ihrem Drama verfangen ist, begann sie, wieder auf dieselbe Schattenbox zu hören, der sie früher schon Tausende von Malen zugehört hatte. Und es dauerte nicht lange, bis Suzannes friedliche und ruhige Stimmung durch Wut, Bedrückung und Selbsthass verdrängt wurde.

In diesem Moment watschelten ein paar Enten an der offenen Glastür vorbei, sie schienen direkt vor ihrem Zimmer stehen zu bleiben, um ihr »Quak, quak, quak« zu sagen. Ungläubig öffnete Suzanne ihre Augen. Es war wie eine Botschaft des Himmels, um ihr mitzuteilen, dass sie in ihre Story zurückgefallen war, so als ob die Enten ihren inneren Dialog spiegeln würden: »Huh, huh, ich Arme! Quak, quak, quak.« Da musste sie lachen und nahm sich vor, dieses »Quak, quak, quak« jedes Mal zu wiederholen, wenn sie aus der Fülle ihres Daseins in ihre Story zurückfiel.

Zum Beobachter werden

Um unsere Dramen zu transzendieren, sollten wir uns verpflichten, unsere Storys nicht mehr dazu zu benutzen, uns selbst zu strafen. Wir sollten damit aufhören, unseren Dramen nachzugeben und sie mit unserer Aufmerksamkeit zu bestärken. Sollten Sie jemals Meditation praktiziert haben, so haben Sie wahrscheinlich bemerkt, dass Ihr Geist ein konstanter Strom von Gedanken ist. Aber wenn Sie ernsthaft meditieren, dann entscheiden Sie sich dafür, Ihre Gedanken einfach zu beobachten, statt ihnen dahin zu folgen, wohin sie Sie zu führen versuchen. Mit ausreichender Übung werden Sie herausfinden, dass Ihr Geist an einem bestimmten Punkt erkennt, Sie wollen nicht mehr anbeißen, und dann gibt er auf. Dasselbe gilt auch für unsere Storys. Wenn wir unsere Dramen nicht ausleben, können wir uns dafür entscheiden, ihnen den Rücken zu kehren. Um uns von unseren Dramen zu befreien, ist es am wichtigsten, sie als Storys zu betrachten, anstatt in sie hineinzukriechen und sie für die Wahrheit zu halten. Statt den Anweisungen unserer Schattenbox blind zu folgen, können wir etwa sagen: »Oh, danke für diesen Gedanken. Aber in diesem Moment entscheide ich mich für einen anderen.« Schließlich werden unsere Storys sich nicht mehr länger abspielen, denn sie existieren nämlich nur dann, wenn wir glauben, dass wir unsere Story »sind«. Unsere Geschichten nähren sich von der Aufmerksamkeit, die wir ihnen schenken.

Wenn es keinen Dialog zwischen uns und unserer Story gibt, wird sie aufhören, uns zu beherrschen. Wir beschließen einfach, uns von ihr zu »desidentifizieren«. Zu diesem Zweck erklären wir mit lauter Stimme: »Oh, es geht schon wieder los! Ich bin in meiner Story.« Wie vor dem Fernseher steht es uns frei, wegzugehen, auch wenn der Fernseher weiter und weiter plärrt. Die Frage, die wir uns stellen sollten, lautet: »Möchte ich meine Story füttern und ihr meine Lebenskraft geben? Möchte ich sie mit meiner kostbaren Energie stärken?« Wenn unsere Antwort Ja ist, dann sollten wir uns unbedingt vor unsere Story hinsetzen und ihr zuhören. Aber wir sollten das ganz bewusst tun. Wir alle haben das Recht, von Zeit zu Zeit unsere Story zu genießen. Wir könnten zu uns selbst sagen: »Es ist zwei am Dienstagnachmittag, und ich habe nichts Besseres zu tun. Ich werde mich eine Weile setzen und mein persönliches Drama ablaufen lassen.« Dann sind wir wenigstens verantwortlich für das, was wir tun.

Strategien, um aus seiner Story herauszukommen

Wir haben eine unendliche Auswahl von Möglichkeiten, wenn wir beschließen, unsere Story zu transzendieren. Wir könnten nach innen gehen und ein Gespräch mit ihr führen; wir können uns befreien, indem wir schreiben und es jenem Teil unserer Kreativität erlauben, sich auszudrücken. Wir könnten sagen: »Entschuldige bitte. Ich weiß, dass du hier irgendetwas willst, aber ich habe heute andere Dinge zu tun.« Oder Sie haben die Möglichkeit, mit Gott zu sprechen. Es gibt ein Sprichwort: »Wenn du an Gott denkst, denkst du nicht an deine Probleme.« Die Schwingung unserer Story und die Schwingung unseres tiefsten Selbst sind sich diametral entgegengesetzt. Beide lassen sich nicht zur gleichen Zeit erfahren.

Es ist wichtig, dass wir Strategien entwickeln, um aus unseren Storys herauszutreten, wenn wir merken, dass wir wieder hineingerutscht sind. Im Folgenden werden einige Strategien vorgeschlagen, mit deren Hilfe wir sie demontieren können, um Zugang zu dem Leben zu gewinnen, das uns außerhalb der Grenzen unseres persönlichen Dramas erwartet.

1. Bitten Sie die Menschen, die an Ihrem emotionalen Trauma beteiligt waren, Ihnen ihre Version der Story zu schildern.
Wenn wir eine neue Perspektive akzeptieren, begreifen wir unmittelbar, dass das, was wir als unsere Story identifiziert haben, nur eine Seite der Wahrheit ist. Während ich an diesem Buch arbeitete, mailte ich die ersten Kapitel an meinen älteren Bruder Mike, einen Juristen, um sein Feedback zu bekommen. In seiner Antwort wies er auf eine sehr wichtige Unterscheidung hin:

»Die Storys unseres Lebens bestehen zu 90 Prozent aus Wahrnehmung und zu 10 Prozent aus Tatsachen. Jeder unserer Bekannten wird ein und dieselbe Folge von Tatsachen auf eine andere Weise sehen. Bei meiner Arbeit habe ich täglich mit Rechtsanwälten zu tun, die auf dieselbe Sammlung von unbestrittenen Fakten zurückgreifen und diese Fakten zu den Storys umformen, die den Interessen ihrer Klienten am besten dienen. Da wird kaum oder gar nicht nach der Wahrheit gesucht; es gibt nichts als eine Kollektion von Argumenten, die von verschiedenen Leute auf verschiedene Weise wahrgenommen werden. Leider haben die meisten von uns in ihrem persönlichen Leben die Tendenz, ihr Dasein aus der Perspektive zu betrachten, die ihnen am wenigsten zuträglich ist. Auf diese Weise werden wir zu Opfern, die jemanden brauchen, dem wir die Schuld an unserem Unglück geben können, anstatt Verantwortung zu übernehmen für den Anteil an unserem Schicksal, der das Resultat unserer eigenen Entscheidungen ist.«

Später an jenem Abend rief mich Mike an: »Übrigens, Debbie, ich muss dir etwas sagen. Jene Story, die du über deine Kindheit geschrieben hast, ist nicht wahr.«

»Was soll das heißen, sie ist nicht wahr?«, fragte ich ihn. »Ich habe sie gelebt!«

»Nein, Debbie«, antwortete er, »ich brauchte dich. Ich habe dich immer gebraucht. Ich war so glücklich, eine kleine Schwester zu haben.«

Verblüfft bat ich Mike, seine Version meiner Kindheit zu Papier zu bringen, und im Folgenden gebe ich wieder, was er mir schrieb:

»Hier ist meine Version von Debbies Kindheit. In eine typische Kleinfamilie geboren, wurde Debbie von früh an von allen geliebt, die sie kannten. In meiner Erinnerung von Debbies Kindheit sehe ich sie umgeben von Freunden und Freundinnen, die ihre Gesellschaft genossen. Meine Mutter erfüllte Debbies Kindheit mit Liebe und Zuwendung, indem sie mit ihr fast täglich zu Tanz-, Gymnastik-, Schwimm-, Kunst- und Theaterklassen ging. Ich bewunderte Debbies Fähigkeit, jeden Tag voll Enthusiasmus und Energie anzugehen. Sie ließ sich niemals von jemandem einschüchtern und glänzte in allem, woran ich mich erinnern kann. Debbie war reifer als Gleichaltrige; mit elf arbeitete sie als Mannequin und verabredete sich mit älteren Jungs. Jeder wollte Debbies Freund und mit ihr zusammen sein. Es gab nichts, was für Debbie unerreichbar war.«

Es verschlug mir die Sprache. Ich lernte eine Perspektive kennen, die ich mir nicht einmal hatte vorstellen können. Obwohl ich meine Story benutze und akzeptiere, hatte mich Mikes Sichtweise aus der Fassung gebracht. Freunde und Familienmitglieder zu bitten, uns unsere Lebensdramen aus ihrer Sicht zu schildern, ist, wie Sie sehen können, eine effektive Methode, um unsere begrenzte Perspektive zu demontieren, die wir für die Wahrheit halten.

Transformation ist eine Verschiebung der Perspektive. Es bedeutet, fähig zu sein, etwas mit anderen Augen zu sehen. Nichts funktioniert schneller, um uns eine neue Perspektive zu vermitteln, als unsere begrenzte Sicht der Realität mit anderen Augen zu betrachten. Wir sollten begreifen, dass unsere Sichtweise – das, was wir in einem gegebenen Moment sehen können – durch unsere Interpretationen begrenzt ist. Der Augenblick, in dem wir den Ereignissen unseres Lebens Bedeutungen zuschreiben, war der Moment, in dem wir unsere Sicht der Dinge einschränkten. Andere Menschen um ihre Ansicht zu bitten, kann die Linse, durch die wir uns selbst sehen, wieder öffnen.

2. *Schreiben Sie Ihre Story neu, als ob Sie ein unverbesserlicher Optimist wären, der nur die hellen Seiten Ihres Dramas sehen kann.*
Übertreiben Sie die Darstellung der guten Punkte Ihrer Story ebenso wie der Gaben, die Sie empfangen haben. Wie sähe Ihr Leben aus, wenn es mit den Augen eines Engels betrachtet würde?

Grundsätzlich geht es darum, dass wir unsere kollektiven Lebenserfahrungen als schlechte Erinnerung auffassen, aus der es kein Entrinnen gibt, oder sie neu schreiben können, sodass sie eine wertvolle Grundlage abgeben, auf der wir eine erfüllende Zukunft aufbauen können. Entweder lernen wir aus den Lektionen unserer Vergangenheit und gehen voran, oder wir verharren darin und bleiben an derselben Stelle stecken.

3. *Lernen Sie, klar zu erkennen, wann Sie wieder in Ihre Story zurückgefallen sind.*
Zu diesem Zweck machen Sie eine Liste von zehn Gedanken, Gefühlen, Gewohnheiten und Verhaltensweisen, in die Sie verfallen, wenn Sie innerhalb Ihrer Story leben. Dann machen Sie eine Liste von zehn Gedanken, Gefühlen, Gewohnheiten und Verhaltensweisen, denen Sie folgen, wenn Sie außerhalb Ihrer Story leben. Wozu haben Sie Zugang, wenn Sie aus Ihrer Story heraustreten? Zuletzt machen Sie eine Liste von zehn Methoden, mit denen Sie Ihr Bewusstsein erheben und zu Ihrem höchsten Selbst zurückkehren können, sobald Sie merken, dass Sie wieder in Ihre Story zurückgefallen sind.

Ich bat Helen, eine Teilnehmerin in einem meiner Coachingprogramme, uns ihre Listen zur Verfügung zu stellen:

Innerhalb meiner Story:
- Ich esse zu viel.
- Ich trinke Bier.
- Ich klatsche.
- Ich vergleiche mich mit anderen.
- Ich halte die Wahrheit vor anderen zurück und lasse Ressentiments aufkommen.
- Ich verweigere mich meinem Mann.
- Ich lasse andere wissen, was für ein Opfer des Lebens ich bin.
- Ich kritisiere und beurteile alles, was ich mache.
- Ich gebe meinen Kindern die Schuld an meiner geringen Lebensfreude.
- Ich liege jammernd und klagend herum.

Außerhalb meiner Story:
- Ich lehne es ab, zu klatschen.
- Im Umgang mit Menschen beziehe ich mich auf ihr höchstes Potenzial.
- Ich übe Yoga.
- Ich drücke mich frei aus.
- Ich spreche meine Gefühle aus und löse meinen Ärger auf.
- Ich bin für die Segnungen meines Lebens dankbar.
- Ich trinke sehr selten Alkohol – und wenn, dann nur ein Glas.
- Ich bin energisch und hilfsbereit.
- Für meine ganze Familie gebe ich einen Ton positiver Energie vor.
- Ich esse mit Genuss, aber ich benutze Nahrung nicht, um vor meinen Emotionen zu fliehen.

Was ich tun könnte, um aus meiner Story herauszutreten:
- Meditieren – mindestens fünfzehn Minuten lang.
- Einen flotten Spaziergang machen.
- Im Garten arbeiten. Meine Umgebung verschönern.
- Mich auf den Boden setzen und mit meinen Kindern spielen.
- Ein inspirierendes Buch lesen.
- Tagebuch schreiben, bis ich zu einem tieferen Verständnis gelange.
- Jemanden anrufen, dessen Meinung ich schätze.
- Jemandem etwas schenken.
- Yoga üben.
- Dankbarkeit für die vielen Segnungen des Lebens empfinden.

4. Benutzen Sie das folgende »Quiz«, damit Sie sich darin bestärken, außerhalb Ihrer Story zu bleiben.
An der Art und Weise, was Sie über sich selbst und andere empfinden, wie klar Sie die Dinge sehen und wie Sie die Ereignisse Ihres Lebens deuten, können Sie erkennen, ob Sie innerhalb oder außerhalb Ihres persönlichen Dramas leben. Stellen Sie fest, ob die folgenden Aussagen richtig oder falsch sind:

- Ich habe den Eindruck, dass meine Bedürfnisse nicht befriedigt werden.
- Ich habe nicht genug Zeit.
- Ich habe nicht genug Geld.
- Ich gebe mir Mühe, aber ich bekomme es einfach nicht.
- Andere Menschen sind die Ursache meiner Probleme.
- Ich ertappe mich bei Gedanken wie »Hätte ich doch nur mehr…«.

- Ich habe über zwei Wochen lang denselben inneren Dialog gehört.
- Ich glaube, ich habe keine Story.
- Ich verfalle in mehr als eine Verhaltensweise, von der ich weiß, dass sie mich unglücklich über mich selbst macht.
- Ich habe in dieser Woche mindestens eine andere Person angerufen, um sie an meiner Mitleidsparty teilnehmen zu lassen.

Wenn Sie auf mehr als vier dieser Aussagen mit »Richtig« antworteten, sind Sie tief in Ihre Story verwickelt. Gehen Sie nicht weiter, ohne sich zu versprechen, dass Sie aus Ihrer Story heraustreten wollen. Es ist wichtig, uns selbst zu kontrollieren und bewusstes Gewahrsein auf unser Alltagsleben zu richten. Wenn wir eines Morgens aufwachen und erkennen, dass wir während der letzten zwei Wochen, zwei Monate oder zwei Jahre innerhalb unserer Story gelebt haben, ist das ein trauriger Tag. Indem wir uns täglich fragen: »Bin ich drinnen oder draußen?«, lenken wir das Licht unserer Aufmerksamkeit auf das, was zuvor im Schatten verborgen lag.

5. Wenn Sie zu jenen Dickschädeln gehören, denen es schwer fällt, ihr begrenztes Ego loszulassen, empfehle ich Ihnen, sich vor einen Spiegel zu stellen und sich Ihre »Ich-Armer«-Story Wort für Wort zu wiederholen, bis Sie es so leid sind, dass Sie es nicht mehr ertragen können, sie noch ein einziges Mal zu hören.
Sie werden merken, dass Sie diese Übung erfolgreich beendet haben, wenn es Ihnen richtig schlecht wird. Sollten Sie danach immer noch nicht kuriert sein, dann empfehle ich Ihnen, ins Café zu gehen und Ihre Story fünf fremden Menschen zu erzählen. Das Einzige, was Sie da zu tun haben, ist, auf allein sit-

zende Personen zuzugehen und sie anzusprechen: »Ich hätte Ihnen eine tolle Story zu erzählen. Möchten Sie sie hören?« Schließlich werden Sie jemanden finden, der Ihr Angebot gern annimmt. Dann legen Sie los mit Ihrer traurigen Erzählung; machen Sie es wirklich gründlich. Erzählen Sie dieser Person, warum und wie die Dinge sich so entwickelt haben, wie sie es taten. Zeigen Sie ihr bei Milchkaffee mit Baguette, wie toll ein gutes Drama abläuft.

Wenn Sie sich danach immer noch mit dem Drama Ihrer Story verbunden fühlen, gehen Sie zurück ins Café und bitten fünf fremde Personen, Ihnen ihre Storys zu erzählen. Zu diesem Zeitpunkt sollten Sie sich völlig darüber im Klaren sein, dass das, worüber wir hier sprechen, eine Story, nur eine Story ist und nichts als eine Story ist.

6. *Wenn keine der vorhergehenden Übungen funktioniert, können Sie es immer noch mit einer guten altmodischen Begräbniszeremonie versuchen.*
Stellen Sie sich vor, Sie wären gestorben und ein von Ihnen geliebter Mensch erhebt sich bei Ihrer Beerdigung, um dem Leben, das Sie innerhalb Ihrer Story gelebt haben, die letzte Ehre zu erweisen. Schreiben Sie den Nachruf, den jene Person an Ihrer Beerdigung halten wird. Nachdem Sie ihn gelesen haben, fragen Sie sich: »Ist das die Person, die ich in der Erinnerung anderer Menschen sein möchte?«

Ich bat meine Freundin Colleen, ihren eigenen Nachruf zu schreiben: »Colleen war ein sehr begabtes Mädchen mit großem Potenzial. Obwohl sie im Leben einen schweren Start hatte, kämpfte sie sich voran, entschlossen, etwas aus sich zu machen. Aus unerfindlichen Gründen zog sie jedoch stets die falsche Beschäftigung an, arbeitete für die falschen Leute und erhielt sicher nie den Lohn, den sie verdiente. Es gab immer jemanden, der sie daran hinderte, ihr Licht leuchten zu lassen. Wenn sie nur Glück gehabt hätte! Wenn sie nur andere Eltern oder eine bessere Erziehung gehabt hätte! Wenn man nur ihre Talente entdeckt hätte! Aber stattdessen wartete Colleen immer weiter auf den einen Tag, an dem sie bereit wäre, ihre Spuren in der Welt zu hinterlassen. Doch während wir heute hier sitzen, können wir erkennen, dass Colleen jene Chance nie bekommen hat. Lassen Sie uns alle zusammen beten: ›Arme Colleen!‹ Mögen sie und ihre Story in Frieden ruhen!«

Nachdem Sie den Nachruf auf Ihre eigene Story verfasst haben, lesen Sie ihn zusammen mit ein paar Freunden, halten dazu eine kleine Zeremonie ab, besorgen Blumen und Essen und legen sie zur Ruhe.

In jedem Augenblick müssen Sie bereit sein, aus Ihrer Story herauszutreten. Sie müssen bereit sein, denjenigen zu opfern, als den Sie sich kennen, für den, der Sie werden können. Sie müssen bereit sein, die Enge Ihrer Story zugunsten der Weite Ihrer wahren Essenz aufzugeben. Jeden Augenblick haben Sie die Wahl.

Schritte zu Heilung

1. Um zu unterscheiden, wann Sie innerhalb oder außerhalb Ihrer Story sind, machen Sie eine Liste mit folgenden Punkten:
   - zehn Gefühle, die Sie innerhalb Ihrer Story haben, und zehn Gefühle, die Sie außerhalb Ihrer Story haben,
   - zehn Gedanken, die Sie innerhalb Ihrer Story denken, und zehn Gedanken, die Sie außerhalb Ihrer Story denken,
   - zehn Verhaltensweisen, die Sie innerhalb Ihrer Story zei-

gen, und zehn Verhaltensweisen, die Sie außerhalb Ihrer Story zeigen,
- zehn Dinge, die Sie tun können, um aus Ihrer Story herauszukommen, wenn Sie merken, dass Sie wieder in sie zurückgeglitten sind.
2. Schreiben Sie einen Brief an Ihre Story, in dem Sie ihr für alles, was sie Ihnen beigebracht hat, danken und ihr bestätigen, dass Ihre Beziehung zu ihr sich ändern wird, da Sie sich dafür entscheiden, außerhalb ihrer Grenzen zu leben.
3. Halten Sie ein Ritual ab, um sich von Ihrer Story zu verabschieden, in der Form, wie Sie sie gekannt haben. Lassen Sie sie los, als ein Mittel, um sich selbst zu strafen und klein zu halten, und begrüßen Sie sie als Werkzeug zur Erfüllung Ihres Lebensziels.

Kontemplation

Außerhalb meiner Story leiste ich Erstaunliches für die Welt.

– 10 –
Das Geheimnis des Schattens

Im Schatten unserer Story liegt ein großes Geheimnis verborgen. Dieses Geheimnis birgt den Schlüssel zu unserer Herrlichkeit. Das Geheimnis ist der Bewahrer reicher Freude, grenzenloser Möglichkeiten und göttlicher Seligkeit. Stellen Sie sich vor, der Hüter der seltensten und kostbarsten Juwelen der Erde zu sein. Als ihr Hüter würden Sie alles tun, um sie zu beschützen. Als menschliche Wesen tun wir dasselbe. Tief im Herzen wissen wir, dass wir göttlich sind, dass wir heilig sind.

Unsere Größe, unsere Herrlichkeit und unser Licht sind so kostbar, dass wir sie Schicht um Schicht zudecken, um zu beschützen, was wir zu bewachen haben. Weil wir uns nicht sicher fühlen, wenn wir diese Aspekte unserer selbst exponieren, inszenieren wir andauernd Drama und Chaos, um das zu verbergen, was von uns geschützt werden sollte. Unser ganzes Drama, unser ganzer Schmerz, unsere ganze Unzufriedenheit verbergen das Geheimnis unseres Lichts. Wenn wir endlich unserer Story überdrüssig sind, wenn sie uns nicht länger irgendwelche Annehmlichkeiten verschafft, sind wir bereit, die kostbare Gabe aufzudecken, die in jedem von uns liegt. Wenn wir das Gefühl haben, würdig zu sein, und uns die Sorge für unser Licht anvertraut werden kann, werden wir uns frei fühlen, die allergrößte Kraft zu aktivieren, die es gibt: die Kraft unserer wahren Natur.

Die menschliche Erfahrung

Sie und ich, wir sind Forscher, und das Gelände, das wir erkunden, ist unsere eigene menschliche Erfahrung. Wenn wir beschlossen hätten, eine göttliche Erfahrung, eine himmlische Erfahrung oder eine außerweltliche Erfahrung zu machen, würden wir nicht in menschlicher Form existieren. Aber wir haben die menschliche Erfahrung gewählt. Und diese Reise verlangt von uns, zu lernen, zu wachsen und unserer eigenen Natur Sinn zu verleihen. Die menschliche Erfahrung erfordert, dass wir den Weg durch das Drama unserer Lebensgeschichten gehen, durch all die falschen Identitäten, die wir uns zugeschrieben haben. Sie verlangt von uns, durch das Reich der Emotionen zu steuern, um tief zu erfassen, was es bedeutet, menschlich zu sein.

Unsere Geheimnisse offen zu legen, ermöglicht es uns, mit unserem göttlichen Selbst, unserer spirituellen Essenz vertraut zu werden. Indem wir unsere Geheimnisse enthüllen, verschmilzt unsere Menschlichkeit mit unserer Göttlichkeit. Indem wir den Weg durch unsere Story gehen, indem wir unser Menschsein auf tiefster Ebene erfassen, werden wir mit dem Mut gesegnet, über unsere Persona hinauszugehen, unser Theater zu beenden, aus unserer Story herauszutreten und nackt in der Gegenwart unseres wahren Selbst zu stehen. Erst dann werden wir uns sicher genug fühlen, um in all unserer Herrlichkeit zu leben und zu erklären: »Dies bin ich.«

Um unsere Geheimnisse walten zu lassen, müssen wir diese Erforschung unseres Lebens im Geist eines »Kriegers« angehen. Wir müssen das Gelände unserer eigenen Menschlichkeit ausgraben, erforschen und erfassen. Denn nur wenn wir uns wirklich kennen und verstehen, nur wenn wir den Weg durch unsere Vergangenheit zurückgelegt haben, können wir unsere Arme mit dem Entzücken und der Begeisterung eines Kindes in die Luft werfen und ausrufen: »Ich bin heilig! Ich bin göttlich! Ich bin aller Gaben würdig, die das Universum zu bieten hat!« Erst wenn wir diese wichtige innere Arbeit getan haben, werden wir uns sicher genug fühlen, um allen unsere Geheimnisse zu zeigen.

Wenn wir unsere Geheimnisse enthüllen, fühlen wir uns oft verletzlich und schutzlos, weil wir nicht länger wissen, wer wir sind. Es kann erschreckend sein, unser falsches Selbst loszulassen, die Fassade, die unsere tiefere Wahrheit verdeckt hat, und die Essenz unseres Wesens ans Tageslicht zu bringen. Wenn wir als Kinder unsere verschwenderischen Gaben gezeigt hatten, wurden wir oft beschämt, ignoriert oder getadelt, sodass wir als Erwachsene lernten, unsere verletzlichsten Stellen zu verbergen.

Aber sobald wir unsere Geheimnisse aufdecken, werden wir erkennen, dass unsere Dramen und Rechtfertigungen uns nicht länger schützen. Unser Intellekt ist uns nicht länger von Nutzen. Der einzige Weg, der uns bleibt, ist der Weg der Hingabe an die Verbindung zwischen uns und dem Göttlichen. Solange wir uns nicht würdig fühlen, solange wir nicht unsere Storys ausgesiebt haben, um die Lektionen zu lernen, die sie uns zu vermitteln haben, solange wir nicht uns selbst und anderen vergeben haben und solange wir unseren menschlichen Kampf nicht bewältigen, werden wir stets irgendwelche Hindernisse errichten, die uns von der Erfahrung unserer Göttlichkeit abhalten.

Die Arbeit und die Aufgaben in diesem Buch sollten Sie auf die außergewöhnliche Reise vorbereiten, Ihr göttliches Leben zu leben. Nun müssten Sie bereit sein, den Sprung aus Ihrer Story heraus zu machen und Ihr Geheimnis, Ihr heiliges Licht aus dem Versteck zu locken. Der Prozess, den Sie durchlaufen haben, um Ihre Story anzunehmen und zu integrieren, hat für Sie den Grundstein zu einem Leben außerhalb der Begrenzungen Ihres persönlichen Dramas gelegt. Wenn Sie die in diesem Buch dargestellte Arbeit gemacht haben, haben Sie Ihre Story identifiziert und sind zu der tiefen Erkenntnis gelangt, eine Story zu haben, aber nicht Ihre Story zu »sein«. Sie haben entdeckt, dass innerhalb Ihrer Geschichte ein einzigartiges Rezept verborgen liegt und Sie Ihren wahren Lebenszweck finden werden, wenn Sie alle Aspekte Ihres Selbst und Ihres Lebens akzeptieren und integrieren. Sobald Sie erfasst haben, dass alles, was Ihnen geschehen ist, Sie dabei unterstützt hat, die notwendige Weisheit zu erlangen, um Ihre einmalige Gabe in die Welt zu bringen, können die emotionalen Wunden und Verletzungen Ihrer Vergangenheit heilen. Dann können Sie mit dem Prozess beginnen, Frieden mit Ihrer Story zu schließen, indem Sie die Verhaltensweisen betrachten, mit denen Sie sich selbst und andere verletzt haben, und sich verpflichten, Ihre inneren karmischen Waagschalen ins Gleichgewicht zu bringen.

Das Aufarbeiten Ihrer Vergangenheit versetzt Sie in die Lage, die Heiligkeit von Versöhnung zu erfahren, die uns das Tor zu neuen Stufen der Selbstliebe und der Würdigkeit öffnet. Sie haben auch nicht länger das Bedürfnis, Ihr Licht zu verstecken. Gegründet in das Gefühl Ihres eigenen Wertes, sind Sie nun frei, die aus Ihrer Story gewonnene Weisheit zu nutzen, um Ihre besonderen Gaben ans Licht der Welt zu bringen. Nachdem Sie Ihre einmalige Gabe entdeckt und erkannt haben, wie würdig Sie sind, sind Sie bereit, das Geheimnis zu enthüllen, das im Schatten verborgen ist. Sie sind bereit, die tiefere Wahrheit dessen, der Sie sind, anzuerkennen. Mit diesem Geschenk in Händen können Sie Ihrer Story danken und alles anerkennen, was sie Sie gelehrt hat, in dem Wissen, dass genau sie der Katalysator war, der Ihnen ein tieferes Verständnis dafür eröffnet hat, was es bedeutet, »Sie« zu sein. Nachdem Sie diese Arbeit geleistet haben, fühlen Sie sich würdig und bereit, Ihre Deckung herunterzunehmen, Ihre Abwehr und Ihre Persona aufzugeben und Ihr Geheimnis zu offenbaren.

Ihr Geheimnis enthüllen

Wenn wir unser Geheimnis enthüllen, fühlen wir uns verletzlich, weil es so lange verborgen war. Aber nur wenn wir bereit sind, verletzlich zu sein, werden wir mit dem Geschenk unseres eigenen Lichts gesegnet.

Sydney saß weinend auf dem Boden meines Büros. Schluchzend erinnerte sie sich an Vorfälle aus ihrer Kindheit, die ihr das Gefühl gegeben hatten, unsympathisch, unbedeutend, getäuscht und vernachlässigt zu sein. Da war die Zeit, als ihre Mutter vergessen hatte, sie vom Ferienlager abzuholen, und sie als letztes Kind zurückgeblieben war, nachdem alle Betreuer nach Hause gefahren waren. Da war die Zeit, als sie an ihrem Geburtstag ganz allein gelassen wurde. Da war die Zeit, als niemand zu ihrem Auftritt im Schultheater gekommen war und ihr gesagt hatte, wie niedlich sie in ihrem schwarzen Hexenkostüm mit den passenden Ballettschuhen aussah. Als jüngstes Kind in ihrer Familie hatte Sydney stets das Gefühl, dass ihre Meinung nicht zählte, und so bemühte sie sich, die Aufmerksamkeit ihrer Eltern, die sie unzählige Male enttäuscht hatten, auf sich zu ziehen.

»Welchen Sinn haben Sie Ihrem Verhalten gegeben?«, fragte ich Sydney.

Unter neuerlichen Tränen antwortete sie: »Dass sie sich nicht um mich kümmern. Dass ich ihnen nichts bedeute. Dass ich nichts bin. Dass ich unwichtig bin.« Das war Sydneys Story.

Obwohl sie inzwischen erwachsen ist und als Filmproduzentin Karriere gemacht hat, leidet sie im Herzen immer noch unter den Gefühlen einer Fünfjährigen, die sie daran erinnern, dass sie unwichtig ist. Trotz all ihrer Erfolge und Leistungen sehnt sie sich noch nach Anerkennung. In ihrem Beruf und ihrem Privatleben bemüht sie sich, großzügig und fürsorglich zu sein, in der Hoffnung, dass sie für ihre Mitmenschen wichtig genug wird, um Beachtung zu verdienen. Sie ist rücksichts- und verständnisvoll, möchte eine gute Zuhörerin sein und geizt nicht mit ihrer Zeit und ihrem Geld. Doch im Gegensatz zu dem Bild, das sie in der äußeren Welt abgibt, hat sie nachts im Bett immer noch das Gefühl, ihr Leben sei unwichtig.

Als ich Sydney fragte, welche Gabe für sie im Gefühl der eigenen Bedeutungslosigkeit liege, schaute sie mich an, als wäre ich nicht ganz bei Trost: »Da liegt keine Gabe in dem Gefühl, bedeutungslos zu sein«, antwortete sie.

»Was hat dieses Gefühl bei Ihnen bewirkt – was haben Sie deshalb getan und was sind Sie deshalb geworden?«, fragte ich weiter.

Plötzlich begann Sydney, zu erkennen, wie ihre ganze Lebensgeschichte und jede ihrer Leistungen durch ihr zentrales Schattenkonzept, bedeutungslos zu sein, motiviert worden war. Genau jene Überzeugung hatte Sydney ihre einmalige Gabe geschenkt – nämlich anderen Menschen zu zeigen, dass sie wichtig sind – und sie dazu gebracht, in der Welt Außergewöhnliches zu leisten. Sydney ist stets bemüht, Filme zu drehen, die für das Publikum wirklich wichtig sind. Sie versteht es, die Menschen zusammenzubringen, ihnen das Gefühl zu vermitteln, dass sie wichtig sind, und sie auf diese Weise zu ihren besten Leistungen zu inspirieren. Weil ihr Leben sie aus erster Hand gelehrt hatte, wie das Gefühl der eigenen Bedeutungslosigkeit sein kann, weiß sie nun ganz genau, was wirklich wichtig ist. Sydney erkannte, dass ihr all die schmerzlichen Ereignisse seit ihrer Kindheit einen Magistergrad in Bedeutungslosigkeit verliehen hatten – also genau das, was sie in ihrer Arbeit einzigartig gemacht hat. Sobald Sydney den durch ihr Schattenkonzept bedingten Schmerz verarbeitet hatte, konnte sie ihre besondere Gabe und den Beitrag anerkennen, den diese in der Welt leistet.

Sydney konnte sehen, wie tief sie ihrer Story verpflichtet gewesen war und wie sie diese Story ihr ganzes Leben lang benutzt hatte, um sich der Freude über ihre Leistungen zu berauben. Aber nachdem sie jetzt ihre einmalige Gabe entdeckt hatte, fühlte sich Sydney ihrer Freude und ihrer Gaben würdig. Ich gab Sydney dann zu verstehen, dass ihre Story einfach eine Art von Verschleierung ihres unbezahlbaren Schatzes war.

Ich bat sie, die Augen zu schließen, und fragte sie dann: »Was ist das Geheimnis, das Ihre Story versteckt hat?«

Schweigend saßen wir ein paar Minuten da, und dann beobachtete ich, wie sich ein großes Lächeln auf ihrem Gesicht zeigte, während sie flüsterte: »Ich leiste Großes in der Welt. Ich bin wirklich wichtig.«

Klar und kraftvoll bestätigte Sydney die Wahrheit ihrer Worte – dass ihre Arbeit tatsächlich das Leben anderer Menschen veränderte. Nachdem sie ihr Geheimnis enthüllt hatte, war es Sydney klar, dass es kein Zurück mehr in die Lüge ihrer eigenen Story gab. Angesichts ihrer kostbaren Gabe konnte sie beobachten, wie die Story ihrer Bedeutungslosigkeit vor ihren Augen zusammenbrach. Zum ersten Mal in ihrem Leben und ihrer Karriere konnte sie die große Freude erleben, die aus dem Wissen kommt, in der Welt Großes zu leisten und zu bewirken.

Die Enthüllung Ihres Geheimnisses jagt Ihre ganze Story in die Luft. Vielleicht haben Sie jetzt das Gefühl, dass es mit einer überwältigenden Verantwortung verbunden ist, Ihr Geheimnis offen zu legen und der Welt Ihre Gaben zu schenken. Aber das wäre bloß eine neue Story. Ihr Licht leuchten zu lassen, ist keine Verantwortung – es ist eine geheiligte Ehre. Dazu braucht es nichts mehr, als derjenige zu sein, der Sie wirklich sind, Ihr authentisches Selbst. Das bedarf keiner Mühe, keines Aufwands, keines Kampfs. Sie müssen es einfach zulassen, sich selbst zu zeigen – ohne Ihre Story. Wenn Sie früher nie Ihr Licht scheinen ließen, ist das für Sie höchstwahrscheinlich unheimlich, weil wir uns als menschliche Wesen gern an das halten, was wir kennen. Die Aussicht auf unsere Freiheit und unsere Weite kann so erschreckend sein, dass viele von uns unbewusst sagen werden: »Gib mir bitte meine Story zurück, damit ich wieder weiß, wer ich bin.«

In den Sturm hinaustreten

Wir müssen unsere Verletzlichkeit akzeptieren, damit sich unser Geheimnis zeigen kann. Wir müssen kleine Schritte machen und zu vertrauen lernen. Wir müssen Hingabe lernen, nicht an das, was wir wollen, sondern an das, was uns das Universum offenbart. Wir müssen darauf vertrauen, dass wir ans Ufer geleitet werden, wenn wir uns in unbekannte Gewässer wagen. Stellen Sie sich vor, wie es wäre, am Strand zu stehen und zu beobachten, wie eine gewaltige, graue Gewitterwolke auf Sie zukommt, mit heulenden Windböen und gewaltigen Wellen, die gegen das Ufer krachen. In gehobener Stimmung malen Sie sich aus, wie aufregend es wäre, in den Sturm hinauszusegeln, die Gewalt der Natur und das Mysterium des Unbekannten zu erfahren. Doch eine Minute später wenden sich Ihre Gedanken erschrocken der sicheren und vorhersagbaren Wahl zu, irgendwo einen geschützten Platz zu finden, bis der Sturm über Sie hinweggerauscht ist. Aber wie wäre es, zu wissen, dass Sie, wenn Sie gut ausgerüstet in den Sturm hinaussegelten, auf der anderen Seite des Regens und der Winde sicher auf einer Insel voll großartiger Schätze und funkelnder Juwelen ankämen? Würden Sie diese Fahrt unternehmen? Würden Sie denjenigen, die diese Reise vor Ihnen gemacht haben, zutrauen, Ihnen die notwendige Unterstützung und Hilfe zu geben, um Ihren Topf voll Gold zu finden? Ich fordere Sie auf, sich dieses Szenario vorzustellen, weil es so unheimlich und erschreckend wie die Fahrt durch einen wilden Sturm erscheinen kann, die Lüge Ihrer Story und das Geheimnis Ihres Schattens zu enthüllen.

Das galt auch für Laura, eine 46-jährige Frau, die über fünfzehn Jahre lang eine schlechte Ehe mit Schmerzen, Missbrauch und emotionaler Isolation geführt hatte. Jeder, der Laura kennt, ist nur allzu vertraut mit ihrer Story: dass ihre Ehe geisttötend ist und dass ihr Mann ihr nicht die Liebe und Aufmerksamkeit schenkt, die sie verdient. Laura entdeckte das Schattenkonzept, das ihre Story zusammenhielt, in dem Nachklang der Worte, die ihr Vater zu ihr gesprochen hatte, als sie gerade einmal zwölf Jahre alt war: »Ohne einen Mann wirst du es nie zu etwas bringen.« Laura hat jene Story während der letzten fünfzehn Jahre ihres Lebens gelebt, als hätte sie eine Rolle in einem Stück gespielt.

Als ich sie nach dem Geheimnis ihrer Story fragte, antwortete sie lächelnd: »Dass ich eine starke, unabhängige Frau bin, die glücklicher wäre, allein zu leben.« Einen Augenblick lang stand Laura aufrecht und stark da, und ihre Augen strahlten kraftvoll. Aber innerhalb von Minuten begann sie, die Kraft der gerade gesprochenen Worte zu schmälern und in ihre vertraute Story zurückzugleiten. Letzten Endes war Laura zu ängstlich, um das altbekannte Drama fallen zu lassen, und entschied sich stattdessen dafür, ihr Geheimnis hinter dem Schleier ihrer Story verborgen zu lassen.

Nur allzu oft sabotieren wir unsere Träume, wenn wir versuchen, uns in die Grenzen unserer Story einzufügen. Dies ist eine Entscheidung, die jeder von uns zu treffen hat. Wir sollten uns fragen: »Bin ich willens, ein paar Unannehmlichkeiten auf mich zu nehmen, um die Herrlichkeit meines Lichts zu erfahren, oder würde ich lieber in der Annehmlichkeit des Bekannten verweilen?« Nur wir allein können uns sagen, dass wir auch ohne den Komfort unserer Story in der Welt sicher sind. Wir sind die Einzigen, die uns die nötige Sicherheit geben können, um der Welt unsere kostbaren Gaben zu zeigen.

Unsere wahre Essenz entdecken

Unsere Storys sind der Stempel unserer Existenz. Sie sind das einzigartige Zeichen, das wir in dieser Welt hinterlassen. Als ich Matt kennen lernte, war er 32, besuchte gerade sein 27. Selbsthilfeseminar und litt unter mangelnder Selbstachtung und Gefühlen der Unwürdigkeit. Er war über einen Meter achtzig groß und hatte lange blonde Haare, die ihm ins Gesicht hingen. Als ich ihn sah, war mein erster Gedanke: »Was will er verbergen?« Ich hob meine Hand, strich die Haare aus seinem Gesicht und fragte ihn, was ich für ihn tun könnte.

Sofort begann er, mir seine Vergangenheit zu erzählen. Er war ohne Vater in einer Kleinstadt aufgewachsen und fühlte stets einen Mangel, weil er keine richtige Familie hatte. Da er nie viel Geld besaß, lernte er früh im Leben, mit wenig finanziellen Mitteln zurechtzukommen. Als Matt sieben war, ging seine Mutter eine Beziehung ein, die ihm einen Teil ihrer Aufmerksamkeit entzog. Zu diesem Zeitpunkt, so sagte mir Matt, hätten seine wirklichen Probleme angefangen. Matt erzählte mir etwa eine Stunde lang, wie er mit dem Gesetz in Konflikt geraten war und wie er ungefähr mit vierzehn auf der Straße ums Überleben kämpfte. Als er schließlich von einer lebensgefährlichen Hepatitis bedroht wurde, hielt er es für besser, sein Leben in Ordnung zu bringen. Er begann, zu arbeiten und Geld zu sparen, in der Absicht, etwas aus sich zu machen.

In seinen Zwanzigern ging Matt ins Immobiliengeschäft und brachte es schließlich so weit, dass er sich selbständig kleine Häuser kaufen, renovieren lassen und mit Gewinn verkaufen konnte. Mit 25 besaß er über hundert Liegenschaften, und mit 28 hatte er schließlich den Sprung in die große Welt geschafft. Mit einer Million Dollar auf dem Konto wagte er sich an größere Projekte. Als er 32 Jahre alt war, hatte er in finanzieller Hinsicht all seine Ziele erreicht. Trotzdem litt er weiter. Die Illusion, dass mehr Geld oder Besitz ihm auch mehr Glück bringen würden, war verflogen, und jetzt saß er vor mir und fragte sich, was er als Nächstes tun sollte. Trotz seines Erfolgs litt er immer noch unter selbst schädigenden Verhaltensweisen, indem er sich an Orten herumtrieb, an denen er nicht sein wollte, und auch in seinen persönlichen Beziehungen konnte er keine Erfüllung finden. Obwohl er es in materieller Hinsicht geschafft hatte, hegte Matt im Herzen noch das Gefühl, dass mit ihm etwas nicht stimmte. Er war ratlos, was er machen sollte, um den ersehnten Seelenfrieden zu finden.

Als Matt seine Geschichte beendet hatte, ergriff ich seine Hand, schaute ihm in die Augen und sagte ihm, dass er sich zuerst einmal die Haare schneiden lassen solle. Offensichtlich wollte er nicht, dass jemand ihn wirklich sah. Seine Haare halfen ihm dabei, das Geheimnis hinter seiner Story – dass tief im Innern mit ihm etwas nicht stimmte – zu verbergen. Ich fragte Matt, wann er aufhören werde, Kurse zu besuchen, und anfangen wolle, selbst welche zu geben. Er neigte den Kopf zur Seite, runzelte die Augenbrauen und schaute mich an, als sei ich nicht ganz bei Verstand. Damit war unser erstes Treffen beendet.

In den folgenden Jahren coachte ich Matt ab und zu. Ich war überrascht, wie intelligent, sensibel und intuitiv veranlagt er war. Er schien von grenzenloser Liebe zur ganzen Menschheit erfüllt zu sein, außer zu sich selbst. Matt quälte sich mit seinem lärmenden inneren Dialog, der ihm ständig zurief: »Du bist nichts wert, du bist mangelhaft, und du leistest nichts im Leben.« Er pflegte die meisten unserer Sitzungen damit zu beginnen, dass er von all den schrecklichen Dingen berichtete, mit denen er zu tun gehabt hatte. Er erzählte mir, dass das Leben auf der Straße in so einem jugendlichen Alter ihm das Gefühl gegeben habe, schmutzig zu sein. Er hatte zu viel gesehen und zu viel getan, was ihn dazu brachte, sich selbst für schäbig, geschädigt und wertlos zu halten. Sein Augenmerk war immer auf das gerichtet, was bei ihm nicht funktionierte, statt auf das Gegenteil. Nach und nach gelang es mir, Matt dabei zu helfen, all die Storys abzuschälen, die seine wahre Essenz verbargen.

Mir wurde klar, dass Matt ein tief spiritueller Mensch war, der der Welt ein großes Geschenk zu geben hatte. Als er nach meiner Ansicht endlich bereit war, dies für sich selbst zu erkennen, fragte ich ihn: »Was ist das Geheimnis, das Ihre Story verbirgt?«

Matt schien verwirrt. »Ohne meine Story würde ich nicht einmal anfangen, mich zu kennen«, erwiderte er.

Da ich spürte, dass es Matt Angst machte, tiefer zu schauen, verriet ich ihm das Geheimnis, das die Story meiner frühen Jahre verborgen hatte. Ich erzählte ihm, dass ich mich, als ich jung war und mit Kleidern Geld verdiente, mit einer Clique herumtrieb, deren Mantra »Sex, Drugs and Rock 'n' Roll« lautete. Die Leute sollten mich für hart und mit allen Wassern gewaschen halten. Alles, was ich in der äußeren Welt zeigte, war mein Streben nach Geld und Ansehen. Jahrelang versuchte ich, meine Sensibilität und meine Sehnsucht nach mehr zu verbergen. Doch das schien einfach nicht cool zu sein. Als jene Story sich endlich abgenutzt hatte, bekam ich das Gefühl, ich würde in einem spirituellen Leben Frieden finden. Während ich mich weiterentwickelte, entdeckte ich mein tiefes Verlangen, Gott zu erkennen. Anfangs war ich verlegen und beschämt, denn »eine Frau Gottes« zu sein, passte überhaupt nicht zu meinem Image. Die Leute sollten nicht wissen, dass es mich im Gebet auf die Knie zwang und ich mich danach sehnte, ein Werkzeug des Göttlichen zu sein. Ich gestand Matt, dass die Story meines Lebens das Geheimnis dessen, der ich wirklich war, verborgen hatte. Sie verhüllte die Wahrheit: dass ich eine Frau Gottes bin und es liebe, das zu sein.

Ich konnte aus Matts Augen ablesen, dass er begriff, was ich von ihm wollte. Ich forderte ihn auf, einen tiefen Atemzug zu machen und seine Augen zu schließen, um ihn dann wieder zu fragen: »Welches Geheimnis verbirgt Ihre Story?«

Ohne die Augen zu öffnen, stieß Matt aus: »Das Geheimnis, das meine Story verbirgt, ist, dass ich ein unschuldiger und reiner Ausdruck des Geistes bin.«

Darauf schlug er die Augen auf, und wir beide saßen eine ganze Weile schweigend da, staunend über das, was sich gerade offenbart hatte. An der Klarheit seiner Augen konnte ich erkennen, dass Matt gerade mit seiner göttlichen Wahrheit in Verbindung getreten war. Mit Tränen auf den Wangen gestand er mir, wie er sich im Innern seiner Story stets als verdorben, schäbig und geschädigt gesehen hatte – als das genaue Gegenteil dessen, was er sich gerade sagen hörte. Matt konnte nun sehen, dass er seine besondere Gabe beisteuern und der Welt zurückgeben konnte, indem er andere das lehrte, was er selbst gelernt hatte. Vor diesem Augenblick hatte Matt seine Weisheit und sein Wissen stets gering geachtet und es vorgezogen, lieber Anhänger als Anführer zu sein. Aber in den Strahlen seines Lichts konnte er seine besondere Gabe erkennen: verlorenen und einsamen Teenagern zu helfen, ihre besonderen Gaben in die Welt zu bringen. Matt hatte etwas sehr Reales und Heiliges entdeckt. Er hatte das Geheimnis enthüllt, das im Schatten seiner Story verborgen lag.

Wir sind die Einzigen, für die es sicher ist, ihr Geheimnis zu offenbaren. Niemand kann uns vor der Außenwelt schützen, außer wir selbst. Niemand kann uns retten oder uns versprechen, dass wir nicht verspottet werden oder dass wir nicht scheitern. Vielleicht werden wir scheitern, und wir können sicher sein, dass viele mit dem Finger auf uns deuten und ihre Dunkelheit auf uns projizieren werden. Aber haben wir wirklich eine andere Wahl? Wollen wir in der Enge unserer Storys verharren? Oder wollen wir den authentischen Gaben, die wir besitzen, die Gelegenheit geben, hell zu leuchten?

Jahrelang war ich selbst zu ängstlich, um mich zu erheben und meinen Anteil einzufordern, in der Öffentlichkeit zu reden und mein Wissen mit anderen zu teilen. Mein Ego war so empfindlich, dass ich die Ablehnung durch meinesgleichen und das Urteil meiner Kritiker fürchtete. Aber eines Tages bat ich Gott bei der Meditation, mich mit dem nötigen Mut auszustatten, um meine persönliche Furcht aufzugeben, und mich in eine Position treten zu lassen, in der ich einen universalen Dienst leisten könne. An jenem Abend begann ich im Bett, an die spirituellen Führer zu denken, die in meinem Leben und in meiner geistigen Entwicklung eine so große Rolle gespielt hatten. Als Erster kam mir Martin Luther King in den Sinn. Ich dachte an all die Menschen, die ihn liebten und verehrten, ebenso wie an diejenigen, die ihn hassten und verachteten. Aber wie wäre es gewesen, wenn King sein Licht für sich behalten und seine Gabe vor der Welt verborgen hätte? Dann musste ich an Gandhi denken. Auch er hatte viele Bewunderer und viele Feinde gehabt. Ich fragte mich, wie unsere Welt ohne diese Männer wohl aussehen würde. Auf einmal wurde mir klar, dass all jene Menschen, die etwas zu sagen hatten oder etwas Großes leisteten, mit Leuten, die sie liebten, und mit solchen, die sie hassten, zu tun hatten. Und auch wenn ich wusste, dass ich weder ein Martin Luther King noch ein Mahatma Gandhi war, so bewies mir doch ihr Mut, dass ich ebenso bereit sein müsste, sowohl geliebt als auch gehasst zu werden, wenn ich jemals etwas Besonderes in der Welt leisten wollte. Ich müsste dazu fähig sein, Kritik ebenso wie Lob anzunehmen.

Anschließend war ich wochenlang damit beschäftigt, über dieses Paradox nachzudenken. Verzweifelt versuchte ich, mich von Menschen auszuschließen, die ihr Leben dem Helfen und Heilen gewidmet hatten. Ich versuchte, mir einzureden, ich sei eine andere Art von Person, zu sensibel und nie dazu fähig, mit jener Art von Widerspruch umzugehen. Ich wollte mich unbedingt davon überzeugen, dass es nicht mein Lebenszweck wäre, meine Gabe mit anderen zu teilen.

Auch Sie haben sich vielleicht solche Storys eingeredet – warum es besser wäre, Ihr Geheimnis im Verborgenen zu bewahren, als es dem Spott der Welt auszusetzen. Vielleicht haben Sie sich gesagt, dass Sie nicht all die Liebe und Bewunderung ertragen könnten, die Ihnen entgegengebracht würden, wenn Sie es zuließen, sich in Ihrer wahren Herrlichkeit zu zeigen. Aber das ist nichts anderes als eine weitere Story. Niemand von uns fürchtet sich tatsächlich vor dem Lob und der Liebe, die möglich sind, wenn wir unser Licht scheinen lassen. Auch wenn unser Glanz dazu führen könnte, dass wir uns unwohl fühlen, und auch wenn wir das Gefühl haben könnten, so große Aufmerksamkeit nicht wert zu sein, so weiß doch ein jeder von uns in seinem Kern, dass dies unser Geburtsrecht ist – unser authentischer Ausdruck. Unsere eigentliche Furcht ist die Missbilligung durch andere, ihr strenges Urteil oder der Entzug ihrer Liebe.

Unsere Herrlichkeit umarmen

Damit wir uns sicher genug fühlen, unsere Gaben offen zu legen, müssen wir aufhören, über uns selbst und andere zu urteilen. Wir müssen es zulassen, nackt dazustehen – ohne unsere Storys, ohne unsere Vergangenheit, ohne unsere Urteile und Rechtfertigungen. Nur dann werden wir unsere wahre Essenz erkennen, und nur dann werden wir den tiefen Frieden empfinden, wenn wir mit unserem höchsten Selbst in Einklang stehen. Dann können wir entspannen, unsere Deckung herunternehmen und uns im Glanz unserer Herrlichkeit sonnen.

Es ist Zeit für uns, dass wir erwachsen werden und bereit sind, es zu ertragen, dass manche Menschen uns nicht mögen. Es ist Zeit, die Tatsache zu akzeptieren, dass die Bestätigung durch andere uns nicht die ersehnte Sicherheit oder Anerkennung geben kann. Nur die innere Gabe, unsere göttliche Bestimmung, kann uns die tiefe Befriedigung der Gewissheit schenken, dass wir genügend, liebenswert und zutiefst würdig und gut sind. Solange wir die Zustimmung der anderen brauchen, müssen wir schrumpfen und uns klein machen. Als Kinder hatten wir eine Ahnung von unseren besonderen Gaben. Dann verdarben wir alles. Wir meinten, die anderen würden uns hassen, wenn wir uns so groß und einmalig zeigen, wie wir wirklich sind. Die wahre Frage lautet: Können wir uns verzeihen, wenn wir unsere Besonderheit, unsere Gaben und unsere Einzigartigkeit zulassen, oder können wir uns verzeihen, wenn wir unsere Gaben unterdrücken?

Die Welt braucht Sie. Haben Sie bemerkt, dass Sie benötigt werden? Haben Sie gesehen, dass Ihre Hilfe wirklich benötigt wird? Ich wende mich an Sie, an den Teil von Ihnen, der sich danach sehnt, in der Welt etwas Besonderes zu leisten. Dies ist die Zeit, Ihr Geheimnis zu offenbaren, Ihr Rezept zusammenzurühren, Ihren Kuchen zu backen und hervorzutreten. Machen Sie mit bei der Party. Dies ist Ihre Chance. Sie könnten es auch nächstes Jahr oder erst in zehn Jahren tun. Aber ich halte es nicht für einen Zufall, dass Sie gerade jetzt dieses Buch lesen. Wir brauchen Ihre Mitwirkung. Wir sind darauf angewiesen, dass Sie Ihre Ausflüchte aufgeben und Ihre Rolle in diesem Prozess und in der Welt übernehmen.

Nun möchte ich Sie bitten, mir zu sagen: Was ist das Geheimnis, das sich in Ihrer Story verbirgt? Ist es Ihre Göttlichkeit? Dass Sie herrlich sind? Dass Sie über alle Maßen würdig sind? Dass Sie reine Liebe sind? Dass Ihr Leben mühelos ist? Was ist das Geheimnis, das Sie über all diese Jahre vor sich und den anderen verborgen haben?

Es ist an der Zeit, dass Sie Ihr Geheimnis aufdecken. Das ist jetzt sicher. Vielleicht war es vorher nicht sicher, aber jetzt können Sie darauf aufpassen. Niemand kann es Ihnen wegnehmen. Niemand kann es verletzen. Es ist an der Zeit, sich für all die geleistete Arbeit zu belohnen. Nur Sie selbst können sich die Erlaubnis geben, jenes Geheimnis zu ehren und zu bewahren. Legen Sie Ihre Hand aufs Herz und sagen Sie sich, dass es nun sicher ist, Ihr Geheimnis zu enthüllen. Versprechen Sie sich, dass Sie für Ihr Geheimnis sorgen und es aufs höchste achten werden. Versprechen Sie sich, dass Sie es ehren und respektieren und sich mit allem, was zwischen Sie und Ihr kostbares Geheimnis treten könnte, auseinander setzen werden. Spüren Sie, was geschieht, wenn Sie Ihr Geheimnis jetzt umarmen und es nach so vielen Jahren aus seinem Versteck herausholen. Dies ist eine Zeit, in der Sie sehr liebevoll mit sich selbst umgehen sollten, denn Sie bringen Ihren kostbarsten Besitz ans Tageslicht. Es ist ein heiliger Augenblick, wenn Sie vielleicht zum ersten Mal Ihr Geheimnis offenbaren und es der Welt zeigen. Jetzt ist die Zeit.

Nun möchte ich Sie wissen lassen, dass ich Ihr Geheimnis kenne. Ich weiß, wer Sie sind. Ich weiß, welche Gaben Sie mit sich tragen und was Sie in der Welt leisten. Betrachten Sie sich als durchschaut, denn auch wenn ich Ihnen vielleicht nicht begegnet bin, so weiß ich doch, dass Sie eine kostbare Gabe besitzen. Und ich weiß, dass sie ein ganz besonderes Steinchen in diesem göttlichen Puzzle des Lebens ist – eines, das niemand in der Welt außer Ihnen beisteuern kann. Aus tiefstem Herzen bitte ich Sie, aus Ihrer Story herauszutreten, Ihr Geheimnis zu verraten und der Welt hier und jetzt Ihre kostbare Gabe zu schenken.

Schritte zur Heilung

1. Nehmen Sie sich etwas Zeit für die folgende Visualisierung, bei der Sie nicht gestört werden sollten. Bevor Sie anfangen, möchten Sie vielleicht einen Spaziergang machen oder zur Entspannung ein warmes Bad nehmen. Vielleicht möchten Sie auch sanfte Musik hören oder eine Kerze anzünden, um eine friedliche Atmosphäre zu schaffen. Schließen Sie dann die Augen und beginnen Sie, Ihre Aufmerksamkeit auf Ihren Atem zu richten. Atmen Sie ein paarmal lang und tief, halten Sie den Atem fünf Sekunden oder länger an und atmen Sie anschließend langsam aus. Wiederholen Sie das vier- oder fünfmal, bis sich Ihr Geist zu beruhigen beginnt.
Sehen Sie sich als kleines Kind und stellen Sie sich vor, dass Sie sich glücklich, sicher und völlig sorglos fühlen. Sehen Sie sich, wie Sie ganz in Ihrem eigenen Dasein aufgehen und sich wohl fühlen. Atmen Sie ein paar Augenblicke lang in dieses Bild, stellen Sie sich dann die folgenden Fragen und schreiben Sie Ihre Antworten in Ihr Tagebuch:
   - Wann haben Sie Ihr Geheimnis versteckt?
   - Was befürchten Sie, wenn Sie die Fülle Ihres Lichts scheinen lassen?
   - Wie könnten die Menschen in Ihrer Familie, an Ihrem Arbeitsplatz und in anderen Bereichen Ihres Lebens davon profitieren, wenn Sie Ihre wahre Herrlichkeit einfordern?
2. Schreiben Sie eine neue Geschichte über Ihr Leben. Das Thema dieser Geschichte ist, dass Ihr Licht hell scheint und das Universum in perfekter Harmonie mit Ihnen tanzt. Erkennen Sie, wie Ihre göttliche Essenz alle Menschen, die mit Ihnen in Berührung kommen, stärkt und inspiriert. Wie würde Ihr Leben aussehen, wie würden Sie sich fühlen,

wenn Sie Ihr Geheimnis verrieten? Wie würde Ihr innerer Dialog klingen und welche Botschaften würden Sie sich selbst geben?
3. Formulieren Sie eine kraftvolle Aussage, die Sie täglich für sich wiederholen können und die Sie dabei unterstützt, in Ihrer größten Herrlichkeit zu leben.
4. Finden Sie fünf Übungen, die Ihnen täglich dabei helfen, Ihr Licht scheinen zu lassen.

Kontemplation

Ich sonne mich im Glanz meines herrlichen Selbst.

In liebendem Gedenken an Paige Farley Hackel, die den Mut hatte, außerhalb ihrer Story zu leben. Du wirst für immer in den Herzen unserer Gemeinschaft am Ford Institute of Integrative Coaching weiterleben.

Der Nr.1-Bestseller in den USA zur Schattenarbeit:

Debbie Ford, Die dunkle Seite der Lichtjäger.
Kreativität und positive Energie durch die
Arbeit am eigenen Schatten   14167

Neben den lichtvollen Seiten gehört zu unserer Persönlichkeit auch der »Schatten« - Charakterzüge, die wir nicht wahrhaben wollen und daher verdrängen. Erst wenn wir die Schattenseiten unseres Wesens anerkennen und heilen, können wir Zufriedenheit, innere Ausgeglichenheit und tiefes Wohlbefinden erlangen. Debbie Ford ermutigt jeden, sich den Abgründen und Ängsten der eigenen Psyche zu stellen.